飞镖运动

《飞镖运动》编写组　编

SPM 南方传媒　广东人民出版社
·广州·

图书在版编目（CIP）数据

飞镖运动 / 《飞镖运动》编写组编. —广州：广东人民出版社，2021.6（2023.7重印）

ISBN 978-7-218-15056-7

Ⅰ.①飞… Ⅱ.①飞… Ⅲ.①飞镖—高等学校—教材 Ⅳ.①G898.1

中国版本图书馆 CIP 数据核字（2021）第 099903 号

FEIBIAO YUNDONG

飞镖运动

《飞镖运动》编写组 编

出 版 人： 肖风华

策划编辑： 魏 昊

责任编辑： 方楚君

责任技编： 吴彦斌 周星奎

出版发行： 广东人民出版社

地　　址： 广州市越秀区大沙头四马路 10 号（邮政编码：510199）

电　　话：（020）85716809（总编室）

传　　真：（020）83289585

网　　址： http://www.gdpph.com

印　　刷： 三河市华东印刷有限公司

开　　本： 787 毫米 × 1092 毫米 1/16

印　　张： 14.5 　**插　　页：** 4 　**字　　数：** 215 千

版　　次： 2021 年 6 月第 1 版

印　　次： 2023 年 7 月第 2 次印刷

定　　价： 32.00 元

如发现印装质量问题，影响阅读，请与出版社（020-85716849）联系调换。

售书热线：（020）85716863

编委会

序　言

自新中国成立以来，党和国家都非常重视大众体育运动。1995 年 6 月，国务院颁布《全民健身计划纲要》，同年 8 月全国人大常委会通过《中华人民共和国体育法》，倡导全民做到每天参加一次以上的体育健身活动，学会两种以上健身方法。近几年为推动全民健身运动，相继出台一些政策和法规。2014 年国务院印发的《关于加快发展体育产业促进体育消费的若干意见》提出，将全民健身上升为国家战略，大力支持发展群众喜闻乐见和有发展空间的休闲运动项目。2016 年中共中央国务院印发的《“健康中国 2030”规划纲要》指出，大力发展群众喜闻乐见的运动项目，鼓励开发适合不同人群、不同地域特点的特色运动项目。2019 年健康中国行动推进委员会发布的《健康中国行动（2019—2030 年）》要求，建立针对不同人群、不同环境、不同身体状况的运动促进健康指导方法，期望锻炼身体成为更多人的自觉行动与日常习惯。伴随着全民健身活动的蓬勃开展，人们的生活观念发生巨大变化。在一些大中城市，为健康而消费成为新时代提高生活质量的一种时尚。部分新兴体育项目，如攀岩、保龄球、滑板、沙狐球、跆拳道、高尔夫球、飞镖运动，尤其受到年轻人的青睐。1998 年 3 月，由国家体育总局社会体育指导中心和中央电视台体育频道，共同组织了中国历史上第一次真正意义上的飞镖比赛。国家体育总局于 1999 年 5 月将飞镖运动列为我国第 95 个正式体育项目，标志着飞镖运动在我国得到认可。随着国际飞镖大赛的实况录像在中央电视台的《假日体育》栏目定期播放，飞镖运动也悄然进入大众的视野，为飞镖运动的普及和推广提供了良好契机。

飞镖运动起源于 15 世纪的英格兰，并迅速风靡全世界。作为一项新兴的运动，它在 21 世纪有了快速的发展，国际上各类职业飞镖运动的机构每年都会举办各种赛事。在中国，截至2020年已经举行了十几届飞镖全国公开赛，但与世界飞镖水平还有很大差距。区别于传统的竞技体育，飞镖运动是一种休闲体育项目，由于其技术简单、易于掌握、不需要专门的场地和设施，有较强的休闲娱乐性、竞技性、趣味性，以及良好的健身和社会交往功能，而受到越来越多人的喜爱，在学校中也如火如荼地开展。作为一种集休闲、娱乐、文化、交际于一身的综合载体，飞镖运动堪称为“室内娱乐体育项目之王”。飞镖运动易学、易练、易参与等特点，是其他运动项目所无法比拟的，有着不可估量的市场空间。目前软式飞镖采用高性能的PVC材料制作的新型飞镖，是集安全性、趣味性和竞技性于一体的新型安全健身工具，造型美观，亦可作为室内装饰品。凡是有娱乐场所的地方，都可以开展飞镖娱乐项目，并且非常适合不同文化层次、不同职业、不同年龄的人们参与。

飞镖运动的礼仪是以握手开始、握手结束，表现出文明、高雅、休闲、易交际的特点，既可以个人作战，也可以团队协作。团体作战队员之间的长期训练与磨合，不仅有利于队员之间的沟通与交流，培养团结协作和集体主义精神，还可以陶冶情操，保持健康的心态，提高自信心，为大众提供了一个休闲娱乐的社交舞台。在比赛时还需要运用心算能力，这既符合国人以智取胜的特点，又顺应了一些知识人士的心理特征，因此飞镖运动受到人们的追捧。

飞镖运动能够训练人的注意力、协调性、准确性，尤其是心理素质。在空闲时间练习飞镖，不仅可以调节人体的紧张情绪、舒展身心、磨炼意志，还可以增进身体健康，使疲劳的身体得到充分的休息，从而改善人的生理和心理状态，恢复体力和精力，使人能精力充沛地投入工作和学习中。飞镖运动可以锻炼人的眼力，开发人的大脑，提高神经精确控制肌肉的能力，有助于调节神经系统，对人体的一些慢性疾病也有一定的调理作用。

经过广大飞镖爱好者的努力，近年来中国飞镖运动员的水平得到了迅速提高。全国各地飞镖运动协会对中小学、职业院校、高校进行飞镖运动的普及和推广工作，部分学校已经将飞镖列入公选课和公体课，为培养飞镖运动后备人才而努力。当前中国飞镖运动正逐渐走向市场，走上产业化道路，吸引了众多国外知名选手来到国内比赛，促使国内飞镖运动员水平提升，优秀运动员走出国门，在国际赛场上展现了中国飞镖运动员的风采。

教材《飞镖运动》共分为 12 章，内容全面，行文简明，结构合理，图文并茂，基本涵盖了进行飞镖运动的方方面面，真正做到了“人无我有”“人有我新”，尤其是飞镖比赛基本策略、飞镖运动教学文件和飞镖运动员的体能训练、心理训练、营养康复等内容，在以往的飞镖教材中鲜有见到。教材《飞镖运动》的出版，一定会为广大飞镖运动爱好者、职业镖手、飞镖运动员、飞镖教练员、飞镖教师、飞镖协会工作人员提供有益的帮助。

徐　信

2021 年 4 月 2 日

徐信

目 录

序 言……………………………………………………………………… 1

第一章 飞镖运动概述 ……………………………………………………… 1

第一节 飞镖运动的起源与发展 ………………………………… 1

第二节 中国飞镖的发展历程 ……………………………………… 4

第三节 中国飞镖运动未来发展策略 ………………………… 10

第二章 飞镖运动的特点、价值与礼仪 ………………………………… 14

第一节 飞镖运动的特点 ……………………………………… 14

第二节 飞镖运动的价值 ……………………………………… 17

第三节 飞镖运动的礼仪 ……………………………………… 20

第三章 飞镖运动的相关元素 …………………………………………… 24

第一节 飞镖运动的场地 ……………………………………… 24

第二节 飞镖运动的器材 ……………………………………… 28

第三节 飞镖运动的配件 ……………………………………… 38

第四章 飞镖的基本技术 ………………………………………………… 43

第一节 飞镖的握镖 …………………………………………… 43

第二节 飞镖的站立姿势 …………………………………… 47
第三节 飞镖的投掷过程 …………………………………… 49
第四节 飞镖的常用训练方法 ……………………………… 54

第五章 飞镖竞赛基本策略 ………………………………… 57
第一节 高分赛的策略 ……………………………………… 57
第二节 01 比赛的策略 ……………………………………… 58
第三节 米老鼠的策略 ……………………………………… 70
第四节 团体赛的策略 ……………………………………… 71

第六章 飞镖竞赛规则与裁判法 …………………………… 73
第一节 飞镖竞赛规则简介 ………………………………… 73
第二节 飞镖竞赛裁判法简介 ……………………………… 80

第七章 飞镖竞赛组织工作 ………………………………… 92
第一节 飞镖竞赛组织工作 ………………………………… 92
第二节 飞镖竞赛编排方法 ………………………………… 102

第八章 飞镖教学训练文件 ………………………………… 112
第一节 飞镖教学文件制定 ………………………………… 112
第二节 飞镖训练计划制订 ………………………………… 131
第三节 飞镖教室的设计 …………………………………… 138

第九章 飞镖运动员体能训练 ……………………………… 142
第一节 热身运动 …………………………………………… 142

第二节　力量素质训练 …… 145
第三节　速度素质训练 …… 149
第四节　耐力素质训练 …… 151
第五节　柔韧素质训练 …… 153

第十章　飞镖运动员心理训练 …… 157
第一节　运动员心理训练的概述 …… 157
第二节　一般心理训练的概述 …… 160
第三节　准备比赛心理训练的概述 …… 168
第四节　飞镖运动员心理训练的常用方法 …… 175

第十一章　飞镖运动员营养、损伤与防护 …… 180
第一节　飞镖运动员的合理营养 …… 180
第二节　飞镖运动员常见运动性病症 …… 184
第三节　飞镖运动员技术性损伤 …… 190
第四节　飞镖运动员肌肉损伤的康复疗法 …… 194

第十二章　飞镖运动其他游戏 …… 204
第一节　减半赛 …… 204
第二节　加减高分赛 …… 205
第三节　上海 …… 206
第四节　21 点 …… 207
第五节　515 …… 207
第六节　杀手 …… 208
第七节　高尔夫 …… 209

第八节　追杀 301 …………………………………………………… 210
第九节　快跑 ………………………………………………………… 211
第十节　环球旅行 …………………………………………………… 212
第十一节　拳击 ……………………………………………………… 213

参考文献 ………………………………………………………………… 215
后　记 …………………………………………………………………… 219

第一章　飞镖运动概述

【名人名言】身体教育和知识教育之间必须保持平衡。体育应造就体格健壮的勇士，并且使健全的精神寓于健全的体格。——柏拉图

【学习目标】通过本章的学习，了解掌握飞镖运动的起源与发展，了解掌握中国飞镖运动的发展历程与发展策略。

第一节　飞镖运动的起源与发展

一、飞镖运动的起源

飞镖运动历史悠久，据可查的历史资料显示，有下列几种说法。

第一种说法，飞镖起源于春秋时期的中国。有史料记载，飞镖运动最早起源于山西侯马。中华文明历经5000多年，尤以春秋战国诸子百家为基础不断演化、发展而形成的中国特有文化根深叶茂。据史料《左传·昭公十二年》载："晋侯以齐侯宴，中行穆子相，投壶。"其中的投壶就是古代飞镖，它起源于中国，发源于春秋时期的晋国都城侯马（今山西侯马）。投壶在古代是王侯将相在宴会等重大场合的礼仪和游戏，在战国时期得到发展，逐渐走向平民化；秦汉以后投壶形式多样化，难度有所提高；然而在宋代以后这项运动开始衰弱下去。后来随着蒙古帝国西征，投壶传入欧洲，而后逐步演化成现代飞镖运动。

第二种说法，与古罗马军团有关。据国外资料记载，古罗马军团的士兵被罗马皇帝派到遥远的不列颠岛，多雨的气候条件使他们难以长时间在户外活动。于是，他们在板棚中，把箭投向用柞树横切面制成的靶子，由此逐渐发展成现代飞镖运动项目。

第三种说法，与英国国王亨利七世有关。据说英国国王亨利七世体

质较弱，考虑到打猎既危险又辛苦，决定不再打猎，制作了一种短柄标枪向柞树的横切面投掷，以达到健身的目的。不久，王公大臣们也喜爱上了这种运动，后来逐渐流传到民间。也有人认为，飞镖运动是由英国的弓箭手在近距离作战时使用的一种 25.4 厘米长的投掷武器演变而来的。

第四种说法，认为飞镖原称“飞旋镖”，是一种投掷运动。它源于 1400 年前的澳大利亚，在澳大利亚土著语中是“风”的意思。飞旋镖最初是澳大利亚土著用来捕猎和战斗的一种武器，通常由石块或者曲形硬木制成，后来也有用金属、塑料或象牙等制成的。主要呈“U”字形，也有“十”字形、“V”字形等。这种形状的镖扔出去以后，如果没有击中猎物或敌人，它还会绕圈子自己再飞回来。这种说法的依据是，在埃及古墓、美国的亚利桑那州、波利尼西亚群岛和北欧的出土文物中都能找到其实物样品。但是这种说法的认可度比较低，有人认为，飞旋镖只能作为一种投掷器械来看待，并不能算严格意义上的飞镖。

大家比较认同的说法是认为飞镖运动起源于 15 世纪的英格兰，由士兵在战斗间隙向树墩投掷标枪，后逐渐演化成一种小型的室内运动项目，从飞镖运动的基本形式来看，几个世纪以前，它以一种体育游戏的形式出现在英格兰的公共场所——酒吧。飞镖最初的形状类似手握的短箭，最早的镖盘是用树墩或酒桶的顶盖来代替的。后来，有人发现树墩上的年轮所形成大小不同的圆圈，天然分割成不同的部分，可以表示不同的分数区，于是树墩成了现代镖盘的雏形，酒桶顶盖的软木塞成了地道的牛眼。

从以上几种说法可以看出，飞镖与其他一些体育运动项目的起源一样，最初往往都是用于军事目的或健身目的，随后逐渐转化成训练项目和生活游戏，到近代，随着专业化程度的不断提高，才演变成为正式的体育运动项目。

二、飞镖运动的发展

20 世纪初期，飞镖运动成为英国酒吧里最受人们喜欢的、最前卫的休闲娱乐体育运动。飞镖运动在1908年正式被认定为技巧运动项目。后来飞镖运动在英国广泛地开展起来，吸引了众多的热情参与者。飞镖在酒吧里成为一种时尚的代言词，镖盘几乎遍布酒吧的每个角落，各地的飞镖组织和联合协会也就应运而生。英国是最早成立全国性飞镖组织的国家，并在1924年成功地举办了一次全国性的飞镖锦标赛。1927年由于赞助商的介入，为各项飞镖赛事提供了赞助，从而有力地促进了英国本土各项飞镖比赛的发展，使飞镖比赛成为地区和全国性的重要体育赛事。到1939年，飞镖运动已在世界范围内非常风靡，甚至被使用到激烈而残酷的战争领域。

随着各项飞镖赛事的不断举办，参赛选手们的技术水平不断提升，其观赏性、竞技性也不断增强，从而吸引了大量的赞助商参与到飞镖运动领域，带来了无限商机，促进了经济的有效发展，全国性飞镖赛事的有关组织机构也相继成立了。1973年英国飞镖组织成立，1975年美国飞镖组织成立，1976年澳大利亚飞镖联合会成立，1977年加拿大全国飞镖联合会成立，随后欧洲许多国家以及巴西、日本、南非等国也相继成立了全国性飞镖组织。1976年国际飞镖联盟（WDF）诞生，它被公认为众多国际比赛的正式官方团体。各个国家的飞镖运动协会陆续加入国际飞镖联盟，成为国际飞镖运动大家庭的一员。目前世界上的国际飞镖组织有三个：一个是国际飞镖联盟（WDF），主要面向职业选手；一个是国际飞镖联合会（WDC），主要面向业余选手；一个是世界职业飞镖联盟（PDC），其举办的一项世界职业硬式飞镖团体赛事，代表了一个团体职业硬式飞镖的最高水平。PDC世锦赛是PDC联盟举办的一项世界职业硬式飞镖个人赛事，代表了世界个人职业飞镖的最高水平。

随着飞镖运动在英国的兴起，它很快在欧美及澳洲等地区盛行。一个美国飞镖网站曾报道，玩飞镖的美国人与玩高尔夫的美国人都达到了2000万之多。另一个网站的统计表明，至1999年玩飞镖的美国人已飙升至2800万人，可见飞镖运动受到人们的喜爱。美国及周围的其他国家规定，每季度甚至每月都要举办全国性的飞镖比赛，也相应地在各地出现了很多周末俱乐部赛事。飞镖运动没有对性别、年龄进行一定的限制，也不需要专门的比赛场地，具有很强的趣味性。飞镖运动除比赛外，还可以作为工作学习之余的消遣活动。人们在晚饭后，如果立即坐在计算机前或者玩跳舞毯，对身心是没有益处的，玩几局飞镖其实是更好的选择。在朋友或同事的聚会中，通常飞镖运动也是上上之选。

第二节　中国飞镖的发展历程

一、萌芽阶段

飞镖运动传入我国已有 20 多年的时间，对很多人来说是一项既陌生又熟悉的运动。谈到陌生，是因为人们并不了解飞镖本身是一项正式的体育竞赛项目，不了解它还有上百种的比赛和游戏方法，不知道它还有专门的国际组织，并且拥有 50 多个国家和地区参与的世界飞镖联盟和各项世界大赛。称其熟悉，是因为许多人都对飞镖有或多或少的认识，人们经常从影视作品中看到飞镖掠过的镜头，大多数人是在酒吧玩飞镖，也有很多人在家里放有镖盘。飞镖运动在萌芽阶段时，没有受到大多数人或组织的重视，都只是将它看作打发时间以及和朋友闲聊时的游戏，发展速度极为缓慢。

二、普及阶段

随着中国改革开放、经济快速发展，“休闲体育”这一名词悄然进入中国老百姓的生活。能休闲健身又能消磨时间的体育运动，理所当然被广大老百姓所接受，飞镖运动也逐渐走入广大群众的视线，呈现出良好的发展态势，目前已经有 20 多个省市相继成立了飞镖运动协会。

1999 年 5 月 26 日，国家体育总局批准将飞镖运动列为正式体育竞技项目之一，随后中国飞镖协会和北京市飞镖协会相继成立，全国各地开始举行各种级别的飞镖赛事。从此，飞镖运动逐渐受到社会公众和新闻媒体的关注和重视，如今已成为继保龄球、台球之后国人的第三大室内主流健身项目。

1999 年 12 月 29 日，第一届飞镖公开赛在天津举办，比赛历时 3 天，并成为全民健身运动展示大会的正式项目。以后每年都举办了全国性的飞镖公开赛，包括分站赛与总决赛。2004 年，广东汕头成功举办了国际飞镖挑战赛，邀请到了世界排名前八位的选手来参赛。

2009 年 1 月，中国飞镖协会在上海成立了“中国青少年飞镖训练中心”，并在上海国际飞镖公开赛期间邀请了来自世界各地的飞镖高手担任课外技术教练，这不但提升了飞镖运动项目的影响力，同时也吸引了更多的青少年爱好者参与到飞镖运动的队伍中来。

2010—2014 年间，连续五届国际镖联飞镖世界杯比赛都在上海举办，来自亚洲、欧洲与美洲的各路好手一展身手，参赛队伍由少到多逐渐增加。各省市体育行政主管部门对飞镖运动的开展也开始重视，飞镖运动在内蒙古、辽宁等地已被列为省（区）运会正式比赛项目；第八届全国残疾人运动会中，飞镖被列为正式项目。

三、快速发展阶段

中国飞镖联赛（CDL）是由国家体育总局社会体育指导中心、中国飞镖协会主办的中国最高级别的飞镖赛事。据中国飞镖协会等官方网站数据统计：2016 年共举办职业软式飞镖比赛 3 场、职业硬式飞镖比赛 6 场、中国大学生飞镖联赛 4 场、机关工委定制赛 4 场、全国飞镖俱乐部积分赛 480 场、社区推广活动 43 场、组织培训 2 场。2018 年中国飞镖协会联合北京夺镖体育文化有限公司首度推出中国飞镖公开赛暨夺镖中国·软式飞镖职业系列赛以及飞镖嘉年华赛事，首站设在古代传统飞镖（投壶）项目的发源地山西侯马。2019 年中国飞镖公开赛赛事版图再次扩大，参与人数持续递增，赛事规模以及奖金不断提升。随着七台河、抚顺、烟台、延安、莱西、苏州、海南、香港等赛事举办地的加入，不仅加速了飞镖运动的普及，也扩大了飞镖赛事版图和影响力，吸引了更多的爱好者参与到飞镖运动之中。

2015—2019 年是中国飞镖运动飞速发展阶段。北京、上海、广东等省市的地方性飞镖比赛，也都开展得有声有色。广东作为国内飞镖运动发展强省，飞镖运动在粤港澳大湾区有着良好的群众基础，2016—2019 年期间，广东省飞镖运动协会连续举办了 4 届飞镖世界广州（国际）公开赛暨全民软式飞镖大赛；2017—2019 年期间，在广东省职工文化体育协会和广东省飞镖运动协会的推广下，连续举办了 3 届广东省职工飞镖邀请赛，深受广大职工喜爱；2017—2019 年期间，广东省学生体育艺术联合会与广东省飞镖运动协会举办了 3 期广东省高校飞镖项目教练员培训班、1 期裁判员培训班，以及 2018 年、2019 年广东省大学生飞镖锦标赛，每年保持 4 届季度性地区联赛，通过赛事激发和发现优秀选手和教练，助推飞镖运动的普及发展，为中国飞镖事业打下扎实的基础。

表 1　2016—2019 年飞镖世界广州（国际）公开赛暨全民软式飞镖大赛统计表

年份	地点	参赛人数	参赛国家地区
2016	广州	335	5
2017	广州	440	5
2018	广州	801	9
2019	广州	544	6

表 2　2017—2019 年广东省职工飞镖邀请赛统计表

年份	地点	参赛人数	参赛单位
2017	阳江	112	24
2018	广州	119	29
2019	肇庆	122	23

表 3　2017—2019 年广东省高校教练员、裁判员培训班统计表

年份	地点	项目	培训人数	参训单位
2017	中山大学	教练员	63	19
2018	华南师范大学	教练员	114	26
2018	广东工业大学	裁判员	51	23
2019	广东技术师范大学	教练员	108	42

表 4　2018—2019 年广东省大学生飞镖锦标赛统计表

年份	地点	参赛人数	参赛单位
2018	广州卡丽皇家金煦酒店	152	19
2019	广东技术师范大学	162	20 个单位，24 支队伍

京都飞镖群英会是由北京飞镖群英会体育文化发展有限公司和北京市飞镖协会共同举办的硬式飞镖公开赛，面向所有具有飞镖运动基础的爱好者，自 2012 年至今已经连续举办了 8 届。

表 5　京都飞镖群英会历届参赛人数汇总表

年份/届数	选手（男子）	选手（女子）	选手（青少年）	参赛总人数
2012/第 1 届	130	33	—	163
2013/第 2 届	177	36	—	213
2014/第 3 届	196	31	28	255
2015/第 4 届	226	40	22	288
2016/第 5 届	327	57	13	397
2017/第 6 届	314	76	32	422
2018/第 7 届	306	73	58	437
2019/第 8 届	314	91	52	457

注：数据来源于赛事组委会。

从表 5 京都飞镖群英会赛事报名人数的发展趋势来看，虽然历年参赛人数涨幅较小，尚属于小众运动项目，但是具有较大的发展空间。以 2019 年第 8 届京都飞镖群英会为例，这次比赛是由北京市体育公益活动社区行组委会主办、北京市飞镖协会和北京飞镖群英会体育文化发展有限公司共同承办的飞镖公开赛，因冠以体育公益活动社区行的主题，赛事总奖金高达 24. 9 万元，吸引了 400 多名来自全国 30 个省、市、自治区的飞镖爱好者以及国外职业选手参赛。京都飞镖群英会赛事活动为推动飞镖项目的普及、传递飞镖文化、促进中国飞镖运动的健康发展起到了积极作用。

中国大学生飞镖联赛（CUDL）是在国家体育总局社会体育指导中心管辖下，由中国飞镖协会和中国大学生体育协会主办，主要面向各省市高等院校在校大学生所开展的系列赛事，旨在推动飞镖运动发展，加大飞镖项目在学生群体中的普及，促进我国大学生飞镖运动水平的提高。自 2016 年至 2019 年 12 月已成功举办 15 场比赛（见表 6）。

表 6 中国大学生飞镖联赛和全国青少年飞镖锦标赛开展情况一览表

赛事名称	比赛时间	比赛地点	比赛组别设置	参赛人数
中国大学生飞镖联赛	2016 年 4 月	北京站（北京体育大学）	个人/团体	130
	2016 年 5 月	济南站（长清大学城）	个人/团体	132
	2016 年 6 月	上海站（华东政法大学）	个人/团体	500
	2016 年 9 月	湖北站（荆楚理工学院）	个人/团体	417
	2016 年 12 月	河北站（2016 年总决赛）	职业/业余/女子	400
	2017 年 9 月	湖北站（荆楚理工学院）	普通高校/体育院校/高职高专院校/ 高校教师	520
	2018 年 12 月	上海站（华东政法大学）	普通高校/体育院校/高职高专院校/高校教师	400
	2019 年 3 月	无锡站（江南大学）	普通高校/体育院校/高职高专院校/高校教师	350
	2019 年 5 月	湖北站（荆楚理工学院）	普通高校/体育院校/高职高专院校/高校教师	320
	2019 年 6 月	2018-2019 年总决赛（武汉纺织大学）	普通高校/体育院校/高职高专院校/高校教师	480
	2019 年 10 月	上海站（上海健康医院）	普通高校/体育院校/高职高专院校/高校教师	227
全国青少年飞镖锦标赛	2017 年 11 月	武汉站（国际会展中心）	甲组 19~23 岁/乙组 12~19 岁/丙组 12 岁以下	1699
	2018 年 6 月	武汉站（徐东销品茂）	甲组 19~23 岁/乙组 12~19 岁/丙组 12 岁以下	1500
	2018 年 7 月	上海站（南洋模范中学）	U-12/U-16/U-23	300
	2019 年 11 月	武汉站（徐东销品茂）	甲组 19~23 岁/乙组 12~19 岁/丙组 12 岁以下	1551

注：数据来源于材料整理（国家体育总局社会体育指导中心、中国飞镖协会和中国学生体育网等网站）。

经过四年发展，大学生飞镖赛事共走过北京、济南、上海、荆门、廊坊等城市。从表6系列赛事的开展情况来看，虽然中国大学生飞镖联赛仍未形成较为稳定的赛事体系，每年举办的系列赛事也相对不均，但在赛事组别设置上，已从最初仅有的个人、团体项目逐渐扩展与细化为普通高校组、体育院校组、高职高专院校组和高校教师组。可见，中国大学生飞镖比赛项目更加多样化、专业化与公平化，同时，参赛人数也明显增多且参赛学校数量扩大。从近三场全国青少年飞镖锦标赛依据年龄段划分为三个级别可以看出，我国青少年飞镖赛事的组别设置综合考虑了各年龄段青少年身心发展的阶段特点；中国飞镖协会为扩大青少年飞镖后备人才储备，通过设置不同年龄层次和不同竞赛项目吸引广大青少年积极参与。综上所述，飞镖正以其独特的运动魅力，吸引着更多的学生参与，飞镖进校园将会进一步推动飞镖运动的普及与发展，对我国飞镖运动的发展具有积极推动的作用。

2009年1月，中国飞镖协会在上海成立了“中国青少年飞镖训练中心”，并在上海国际飞镖公开赛期间邀请了来自世界各地的飞镖高手担任课外技术教练，这不但提升了飞镖运动项目的影响力，同时也吸引了更多的青少年爱好者参与到飞镖运动的队伍中来。目前已有超过100所学校开展飞镖项目，并组队参加全国赛事和世界杯赛，为该项目的发展培养更多的后备力量，同时也丰富了青少年的体育健身项目。

经过广大飞镖人的努力，近年来中国飞镖运动员的技术都得到了迅速提高。全国各地飞镖协会在中小学、职业院校、高校积极普及和推广飞镖运动，部分学校已经将飞镖列入课外体育活动、公选课、公体课，培养飞镖运动后备人才。当前飞镖运动逐渐走向市场，走上产业化道路，吸引了众多国外知名选手来到国内比赛，国内飞镖运动员得到了锻炼和提升，国内飞镖运动整体水平得到了很大提高，优秀运动员走出国门，出现了如宗笑尘、周莫默、占清宇、宋家成、白子萌等一大批可以和世界各国强手互相对抗的年轻小将。

第三节　中国飞镖运动未来发展策略

一、争取政府支持，强化区域协同

政府体育职能的根本目的是为社会群体和阶层提供普遍的、公平的、高质量的公共体育服务，而内部优化和外部协调是实现我国服务型政府体育职能的主要路径选择。与此同时，政府部门在体育运动推广、赛事申办、运作等环节扮演着不可或缺的重要角色。因此，要争取政府的力量支持，加强飞镖管理体系建设，减少职业飞镖赛事审批程序，鼓励社会力量参与，加大财政资金投入与飞镖裁判教练员等人才建设，为飞镖运动的发展提供充分的物质保障和人力保障。同时要广泛支持各地飞镖体育协会与俱乐部组织的建设，加强组织领导，建立政府、协会、企业、俱乐部等多元互动关系，鼓励各地飞镖协会与俱乐部组织联动，盘活区域飞镖资源，实现区域赛事活动协同发展。

二、推动飞镖协会的发展

针对我国各地飞镖协会组织机构建设不够健全的现状，协会通过政策引导和项目推广，在推动飞镖项目走进百姓生活的同时，不断扩大项目影响力。目前全国已有各级飞镖协会近百家，要规范飞镖协会发展，应继续加大协会的组织机构建设，充分发挥协会的职能，进一步推动项目的可持续发展。飞镖协会成立竞赛委员会，能进一步扩大飞镖赛事的影响力，提升竞赛的专业度，吸收核心骨干人员参与协会竞赛工作，推动飞镖的规范性，指导各地飞镖赛事活动的开展，更好地推广飞镖运动。

三、加大对教练员、裁判员的培养

针对我国目前飞镖人才缺乏现状，如部分赛事的裁判员都是赛前临时培训在校大学生来应急，且学校飞镖运动师资力量薄弱等，所以中国飞镖协会及各地协会应加大对人才的培养，和相关部门合作，定期举行教练员、裁判员培训班。加大教练员、裁判员队伍培养是协会基础建设的重要环节。

四、举办各种大小型比赛

任何一项体育项目的发展都离不开群众的支持与参与。一方面，飞镖协会应多举办一些让大众能够积极参与的比赛，只有本着把比赛办进全体群众中、让比赛真正融入百姓生活的信念，飞镖运动的发展才会越来越好。另一方面，须大力加强赛事的规范化发展，不断扩大赛事影响力，增强公众对飞镖运动的认知度。

五、优化飞镖环境，完善赛事体系

首先，要制定较为完善的管理体系，树立正确的舆论导向，做好飞镖运动的宣传工作，创造良好的发展环境；其次，要普及飞镖知识，提升参与者的专项运动素养，形成良好的社会文化环境；再次，制定较为完备的奖惩制度、税收政策与赛事转播机制等，优化赛事奖金分配比例，鼓励社会资金积极投资赞助，持续推进飞镖赛事经济环境建设；最后，要积极构建飞镖赛事保障体系，完善赛事运营规范，包括参赛须知及要求，治安维护、医疗救助、人身保险等安全服务，降低赛事风险，提高选手自我保护意识与参赛规范，进一步保障赛事环境的公平与安全。

六、在学校推广飞镖运动，注重青少年人才培养

在学校开设飞镖课程是飞镖运动普及的最佳方式，学校是推广飞镖运动、培养飞镖人才的重要场所。由于大部分人对飞镖这个项目了解甚少，关注度不高，想要发展起来就相对困难，在学校不但能推广飞镖项目，更能培养出专业的人才，包括裁判员和运动员，这无形中就增加了飞镖项目本身的优势。竞技体育是体育的最高层次，只有在后备运动员充足的情况下才能最大化地发展该项目的竞技比赛。在校园开展飞镖课程能挑选出“苗子”来重点培养，培育高层次的飞镖运动的后备军，

这样该项目就形成了从初级到高级完整的一个竞技体育结构。为了形成一支层次分明、衔接有序的飞镖后备人才队伍，要在改革创新的基础上，迈出崭新的步伐，走“体教结合”之路。这将为中国飞镖运动的普及与发展带来深远的影响。所谓“体教结合”之路，就是要与学校接轨，依托学校的教学资源培养出顶尖人才。在学校开设飞镖体育选修课或者是必修课，成立中国青少年飞镖训练基地，开设中小学飞镖训练特长班等，并从学校里选拔优秀镖手组队参加全国赛事和世界杯赛，从而为该项目的发展培养出更多更优秀的后备人才，同时也使青少年的体育健身活动更加丰富多彩。另外，在学校开展飞镖课程也能给学生的身心健康带来积极的影响，这就体现出了飞镖体育“休闲”的特征，包括对学生的专注力、身体的协调性、心理能力等都有很好的锻炼作用，大大地激发学生对飞镖运动的兴趣，极大地推动飞镖运动的发展。

七、加强平台建设，壮大飞镖参与群体

要充分利用学校、社区、企业等高密度群众聚集地，搭建飞镖宣传推广平台，实现飞镖运动人群的壮大。

1. 搭建学校平台，壮大学生群体。各级教育、体育部门应积极配合，推进飞镖运动进校园活动，鼓励有条件的学校将飞镖运动列入学校休闲体育课教学内容；鼓励各省市飞镖协会或俱乐部积极与学校建立合作关系，开设飞镖体育课程，培养青少年飞镖运动人才；政府、协会与学校牵头，组织开展青少年、大学生等飞镖赛事，激发学生参与热情。

2. 搭建社区平台，壮大社区居民参与群体。充分发挥社区居委会、体育组织等作用，积极开展趣味性、竞技性的社区飞镖赛事，丰富社区体育活动，促进社区居民之间的交流。

3. 搭建企业平台，壮大职工参与群体。职工体育的开展不仅有利于职工身体素质和健康水平的提高，还有利于提升工作绩效，增强职工间的凝聚力，培养团队精神。飞镖运动作为职工体育项目，不仅能够丰富职工体育活动，还能够缓解职工的工作压力和精神压力，有利于预防与治疗“办公室病”等疾病。

4. 搭建特殊赛事平台，鼓励与支持残疾人等特殊人群参与飞镖运动。

八、不断扩大项目宣传及影响力

中国飞镖协会及各地级协会需要充分发挥传统媒体和互联网媒体宣传作用，借助承办国际赛事和全民健身飞镖活动，利用好宣传媒体，配合飞镖赛事，做好宣传，向大众推广飞镖运动，同时也能吸引商业赞助，为飞镖运动注入活力。

【思考题】

1. 简述飞镖运动的起源。
2. 中国飞镖运动的发展经历了哪几个阶段？
3. 推动中国飞镖运动发展的对策有哪些？

微信扫码

★看发展历程
★解镖身结构
★学得分方法

第二章　飞镖运动的特点、价值与礼仪

【名人名言】日复一日地坚持练下去吧，只有活动适量才能保持训练的热情和提高运动的技能。——塞涅卡

【学习目标】通过本章的学习，了解掌握飞镖运动的特点、飞镖运动的价值和飞镖运动的礼仪。

飞镖运动是一项非常古老的运动。它的场地要求较小，需要的活动空间范围不大，练习所用的器材简单且价格不高，可以随时随地进行，不受人数、年龄和性别的约束，是一项男女老少都可以参与、运动量小、经济负担小、随时可以进行锻炼的运动项目，能够满足大多数人日常锻炼的需求，能够有效增强和提高人们的体质和健康水平。因此，飞镖运动不仅是开展全民健身良好的活动项目，还是培养终身体育观念的有效活动方式。

第一节　飞镖运动的特点

一、简单易行，人人参与

飞镖运动玩法简单，易上手，人人都可参与，完全具备推广普及的先天优势。首先，器材方面，飞镖盘主要分为麻质镖盘和塑料镖盘等，材质主要选用剑麻或塑料。飞镖材质主要选用钨合金、钛合金和塑料。飞镖场地占地空间小，不需要专门的特定场地和设施，在楼道或大厅都可以安置标靶。器材简单并且经久耐用、场地要求不高，为飞镖运动的推广普及创造了优势。其次，投镖技术简单、易于掌握。参与者可以在规则允许范围内采用适合的站姿、握镖、随挥动作和站位移动，技术动

作简单易学，为飞镖运动的普及推广奠定了基础。最后，飞镖运动参与难度低，属于非直接身体对抗的竞技形式，老少皆宜、男女不限，健全人与残疾人可同台竞技。飞镖运动适用人群广泛，年龄跨度较大，体现出很强的运动项目普适性。综上所述，场地要求不高、技术简而易、参与人群全、普适程度高是飞镖运动推广普及的突出优势。

二、休闲健身，释放压力

休闲健身是指人们为了促进身心健康、丰富生活内容，在闲暇时间选择参加的身体锻炼，经常参加可帮助参与者形成更积极、健康的生活态度。参与现代飞镖运动能够培养参与者的兴趣爱好，丰富日常生活形式。习得独特的飞镖文化素养，可增进人际关系，提升参与者的社会适应能力，还能提高参与者的心理素质，愉悦身心，促进身心健康。

飞镖比赛种类多达百余种，适合各种场合进行交流切磋；规则简单易懂，运动量不大。在任何时间，都可以和三五好友进行一场交流友谊的飞镖比赛，为人们提供了一种在闲暇时间释放工作和生活压力的活动途径，适合当代人对健康生活和提高生活品质的追求。同时，飞镖运动带来的乐趣，吸引了人们主动参与到飞镖活动中，进行自主锻炼，被人们称为最佳的室内休闲运动项目。

三、玩法多样，极富表演

飞镖的玩法多种多样，且不同的玩法规则也有所不同，主要有01比赛、米老鼠、高分赛、减半赛、加减高分赛、追杀301等。01比赛是指减分赛，主要包括301/501/701/901/1101/1501等比赛项目。规则大致相同，仅分数不同，在规定的轮次内分数减为0或者低分者获胜，其中501减分赛是国内外职业飞镖赛事的主要形式。米老鼠是指投掷区固定为15~20和中心分区，选手要先关闭数字和中心分区，然后投掷对手没有关闭的数字加分，得分最高者获胜。高分赛是加分赛，指每位选手投掷八轮，在零分基础上加分，高分者获胜。

飞镖运动在着装服饰上有一定的要求。上衣应穿着带领短袖或长袖衬衫，下身应着长裤，鞋子以皮鞋为宜。飞镖礼仪主要体现在双方选手采取碰拳或握手等具有鼓励、友好和加油的致意方式，投镖过程中彼此要保持安静，当对方投出“好镖”时，要及时给予祝贺。这些细节无不体现出尊重与鼓励的文化内涵。文化教育体现在参与飞镖运动能够提高运算能力和合作意识，特别是青少年选手通过参与飞镖运动不仅能够促进身心发展，还能够提高数字运算能力，以及增强团体赛或混合赛当中的合作意识。以 2018 年中国飞镖公开赛暨夺镖中国 · 软式飞镖职业赛和山西侯马系列赛为例，两项赛事共吸引来自海内外 200 余名职业镖手参赛，央视体育赛事频道 CCTV-5+以及体育类、视频类、直播类媒体和网站进行了报道。无论是赛事级别、赛事数量、赛事奖金还是赛事水平等都完全符合竞技比赛的竞赛表演特性。综上所述，飞镖运动不仅符合业余体育的休闲健身特性，也符合竞技体育的竞赛表演特性。

四、智能科技，传媒融合

随着电子飞镖靶、大型飞镖机、比赛管理智能设备、自助式飞镖屋等新型智能飞镖游戏设备的创新研发，智能科技的融入，打破了传统飞镖现场竞技的时空局限，搭建起飞镖网络对战平台，使得飞镖运动实现了线上线下双平台竞技，而互联网等传播媒介又进一步推动了飞镖运动的赛事宣传与赛事直播。首先，赛事报名渠道多元化。赛事官网、微信平台、官方邮箱、现场报名等多渠道同步报名。其次，赛事宣传途径多样化。通过国家体育总局官网、中国飞镖协会官网、赛事官网、新浪、微信等网络平台宣传推广，以及央视体育赛事频道 CCTV-5+、企鹅体育等视频直播频道或平台，实现线上线下互动交融，发挥“互联网+飞镖”的体育观看、体育社交、体育消费、数据追踪和体育参与的五领域功能。无论是智能科技设备的创新研发，还是传统媒介与新媒介的相互交融，在飞镖运动的推广普及过程中都扮演了十分重要的角色。

第二节 飞镖运动的价值

一、飞镖运动的健身价值

（一）强健身体，缓解压力

投掷飞镖时，能够使身体的肩、肘、腕、指、腰等关节的肌肉参与锻炼，要求整体动作自然连贯、用力均匀、呼吸自然、身心放松。飞镖运动是一项动静相宜、全身性的运动，能够有效地提高身体各关节肌肉及器官的功能，放松身体的紧张度，缓解压力。由于它对人体肩颈关节肌肉有着显著的锻炼效果，因此被人们称为“现代办公室病的克星”。例如打一局501比赛，至少要进行投镖、走动拔镖、回来再投的循环，费时20~30分钟。对于长期从事脑力活动、经常坐在电脑前的办公人员、学生群体等是一种很好的锻炼、放松方式。

（二）缓解眼肌疲劳，提高注意力

在电子设备充满我们的生活的今天，越来越多的青少年沉迷于电子设备的游戏中，从小就出现近视、散光等各种眼科疾病，飞镖运动可以有效地预防和降低这些眼科疾病的发生。因为投掷飞镖的过程中，从开始准备投掷时，注意力集中在镖盘，眼睛瞄准目标点，再开始投一轮三镖，至投掷结束取回飞镖的整个投掷过程，投镖者始终处在瞄准（注意力集中，控制身体肌肉）—取镖（注意力分散，身体放松）动静转换的循环节奏中，长期进行投镖练习，能有效提高注意力、缓解眼部肌肉的疲劳和预防视力下降。

（三）有益于智力发展

在飞镖竞技活动中，不是光凭借技术动作的精准，击中目标准确度高就可以获得胜利的，要想取得更高、更好的成绩，必须运用一定的竞技策略。比赛过程中大脑要迅速和精确计算出下一镖要投中的目标分数，即要会拆分，根据需要，如果一击不中，则需要快速转换下一镖要投中的目标分数，以达到最优的分数组合和最合理的投掷次数，快速得高分或结镖以获取胜利。人体大脑始终处在兴奋活跃的状态下，非常有益于智力发展。

（四）提升心理素质

作为一项竞技体育运动项目，良好的心理素质是取得最终胜利的保障。这一点从镖手的平时训练和比赛时不同的心理状态可以分辨出来。在比赛投掷飞镖时，要求投镖者要放松心情，沉淀心境，调节心理状态，不受外界任何因素影响，全身心地投入瞄准和击中目标点上，完成对自我的挑战和超越。长此以往地磨炼心志，能够获得强大的自信心和稳定的心理素质。任何投镖者要想投出好的成绩都离不开良好的心理素质的影响，在强调技术精巧、细腻的飞镖运动中，有目的有策略地对投镖者施加一定程度的影响，通过有计划、有组织的系统训练和长时间的系统磨炼，掌握一定的心理技能，可以使心理健康水平、心理品质得到一定程度的提高和改善，从而使心理状态达到最佳。在飞镖训练过程中，要想保持技术动作流畅而不失误，就需要增强自身的抗干扰和抗压能力，这也是挑战自我、战胜自我的过程。所以飞镖运动既能锻炼心理抗压能力，又能锻炼抗干扰能力。飞镖运动与其他运动比起来较易上手，取得进步和成绩也比较快，并且更能体现自我能力和展现自我个性，经过有针对性的系统培训，可以培养人们沉着、冷静、自信的心态，并获得心理上的成功感和满足感。

二、飞镖运动的社会价值

飞镖比赛既有个人赛、男女混合赛，也有队际赛即团体赛，所以它既是一项个人运动项目，又是一项集体运动项目。飞镖竞技时以握手开始，到对手投出满意的分数时的击掌鼓励，再到握手结束，无时无刻不把飞镖运动的绅士精神贯穿其中。在平时的休闲活动中，即使碰到从不相识的飞镖爱好者，通过几轮的飞镖竞技交流，也可以成为朋友。这对我们构建和谐社会和拓展人际交往能力有着积极的作用，因此飞镖运动又被称为“结识朋友的运动”。体育运动本身是一项社会活动，人与人之间的社交使人生活、工作时心情更加舒畅，幸福感指数上升。飞镖运动将这一社会功能发挥得非常到位，因此，可以说它是拓展社交手段和提高社交能力的很好的体育运动。

三、飞镖运动的经济价值

经济价值就是经济行为体从产品和服务中获得利益的衡量。飞镖运动的经济价值，则是飞镖运动开展过程中，飞镖器材制造商、镖靶制造商、软式飞镖机制造商、飞镖俱乐部、商业广告营销等企业和个人从中获得经济利益，它分为直接经济价值和间接经济价值。

随着全民健身活动的大力开展、城市化进程的不断加快和人们闲暇时间的增多以及人们对健康、绿色、环保生活方式的向往和追求，我国飞镖运动的广泛开展和众多类型比赛的举办，飞镖运动得到了大力的推广和传播，飞镖运动参与者的数量大幅度增长，在公司、学校、酒吧等场所，随处可见价格不一的飞镖器材，这大大刺激了对飞镖器具的需求，促进了体育产业的发展，从而促使其生产厂家增多，生产规模日益扩大，创造了很多就业机会，增加了财政税收，对发展中国体育产业和繁荣国民经济起到了积极的促进作用。

四、飞镖竞技观赏价值

飞镖运动在高校推广，以中国大学生飞镖运动联赛为载体，通过其他相关推广活动，包括比赛、培训、文体活动、媒体宣传等，来实现校园、体育、社会大环境下的全民健身积极作用。飞镖运动通过线下活动，高校内部定期举办相应比赛、竞赛表演、知识讲座等活动，搭建学生参加体育锻炼和社交活动的平台，培养其对新兴体育运动项目的爱好，促进其积极参与各项活动，去展示自我飞镖技能，培养良好的综合素质。

飞镖运动以对抗性、技巧性、无身体接触、玩法多、趣味性浓、技术细腻和超强的心理素质等特点，具有相当高的观赏性和竞技价值。尤其是在专业飞镖运动比赛中，运动员通过娴熟的技术和过硬的心理素质将飞镖投射出优美的飞行轨迹，中靶的那一刻获取相应分数，又因为玩法多，不到比赛最后结果不可预知，其间的惊险刺激时刻扣人心弦。高水平的投镖者在竞赛表演中，能够投掷出起伏跌宕的分数，使比赛惊险刺激，引人入胜。

第三节　飞镖运动的礼仪

飞镖运动本身具有很强的社交特点，它是一种以握手开始，以握手结束的休闲体育运动。虽然本身带有很多的娱乐成分，但在飞镖运动过程中，保持绅士风度和礼貌是必不可少的，因此飞镖运动被称为“绅士运动”。

参加飞镖比赛，尤其是比较正规的比赛时，应该注意以下礼仪问题：

一、着装规范

不要穿过紧的衣服，应以舒适且便于投镖的服装为主。参加正式比赛的选手，上身应穿有领短袖衬衫或T恤，下身着长裤，穿较正规的皮鞋。严禁穿着背心、短裤、拖鞋或凉鞋等不太正规的服饰参加比赛，更不要穿奇装异服。最好不要穿着带有明显广告宣传色彩的衣服。如果是团队赛，队员的着装应尽量统一。

二、自备飞镖

无论是参加正式比赛，还是在酒吧玩乐，都应自备飞镖。自带的飞镖应该符合比赛规定要求。未经许可，绝不允许使用其他选手的飞镖。

三、举止文明

在比赛时举止应文雅大方，严禁大声喧哗、粗言秽语和粗鲁、暴力行为。参加正式飞镖比赛或活动时，不能吸烟、吃食物、饮用含酒精饮品；并且不应携带和使用手机等通信设备，以免影响比赛或活动的进行及其他参与人员的正常发挥。

四、开局碰拳致意

比赛开始前要相互握手或碰拳致意，赛中保持良好的心态，胜不骄、败不馁。

五、争红心谦让

争红心前与对方适当谦让，后争红心者可替对方拔镖。将飞镖交给对方时，应手持镖尖，将镖身递给对方。双方应握手致意，可以互道加油、鼓励等话语，如“加油”或“好运”（GOOD LUCK）等。

六、不急于投镖

开局后，不要急躁地去投镖，应该等裁判宣布比赛开始后再投。投镖后，也不要急于拔镖，应该等记分员看清分数、报出分数并确认无误后再拔。根据规定，如果选手在记分员记录得分之前从镖盘上拔镖，该轮得分可能被计为零分。

七、赛中保持安静，不妨碍对手

对方投镖时要保持安静，避免走动，不要干扰参赛者。在镖盘和比赛选手之间，只能有记分员一人，其他人不能站在投镖选手的视线之内。跟在投镖手后的下一位选手应该站在投镖手的后方1米外，不得探身去看对方飞镖的落点或报出他的分数，更不要去随便评论他人的姿势和动作，或过分热心主动去“指导”。在对方参赛者投完一轮后，可适当称赞“好镖”（GOOD DARTS，NICE SHOOT）。自己投完镖后，确认分数无误后再拔镖，拔镖后一般从镖靶右侧离开，不要随意乱走。这样既可以避免干扰其他选手，也利于保障自己的安全。在比赛中要充分尊重记分员和对手。

八、不要抱怨场地

无论自己发挥得好坏，都不要随意或用力拔镖，不可以轻易表现出急躁或者不耐烦的情绪，更不能抱怨环境。要保持场地安静，不要来回走动或大声喧哗，以免干扰他人。如果有异议的地方，应该向组织方提出。

九、计算分数

比赛时，应该留心计算分数，同时检查记分员所记录的分数是否正确。一旦出现错误，选手一定要及时向记分员提出。选手可以向记分员询问自己每一镖的分数，以及一轮结束后的剩余分数。

十、按时修理器材

一般规定，一轮比赛中的 3 支镖要在 30 秒内掷出。如果选手器材出现损坏，允许有 3 分钟的时间修理或更换器材。如果选手因为有紧急原因申请暂时离开赛场，应在 5 分钟内返回。

十一、爆镖后不能再投

比赛中出现最后结束镖没有击中目标，而且超出了规定的分数，称为“爆镖”。“爆镖”后，选手严禁再投掷出手中剩余的飞镖。

十二、赛后互相致谢

在一方选手精彩地结束某小局比赛后，另一方可以适当地以轻击掌、轻碰拳方式表示称赞和鼓励。结束一轮比赛后，应在拔完镖后再同对方握手致意，这时双方可以互相说出道谢、钦佩、鼓励等话语，如“谢谢”或称赞对方“好镖”。如果胜者是你，你也可以谦虚地说“我运气好”。无论胜负，都应该表现出“胜不骄，败不馁”的平和态度。胜出比赛，在得到观众和其他选手的展示和祝贺时，应以鞠躬、击掌和握手等方式回应，表示感谢。整场比赛结束后，应由队长带领全体队员与对方逐一握手致意，可说“谢谢”“比赛很好”（THANK YOU, GOOD GAME）。

十三、尊重裁判

比赛结束后主动和裁判员握手致谢，配合裁判员记录比赛成绩并签字。

十四、看护好未成年人

未成年人在参与飞镖运动时，必须由成年人看护和指导。

【思考题】

1. 飞镖运动的特点有哪些？
2. 飞镖运动的价值表现在哪些方面？
3. 简述飞镖运动的礼仪。

第三章　飞镖运动的相关元素

【名人名言】运动的作用可以代替药物，但所有的药物都不能替代运动。——蒂素

【学习目标】通过本章的学习，了解掌握飞镖运动的场地、器材和镖盘，熟悉计分规则，了解飞镖的配件。

第一节　飞镖运动的场地

飞镖运动场地不受太大的限制，室内外都可以。一般情况下，为方便长久练习，会将飞镖镖靶安装在室内。飞镖爱好者只需要在家中找一块 1.5 米×3 米的地方就可以了，当然旁边最好没有玻璃。

一、硬式飞镖的靶心高度和投镖距离

从内圆心（50 分区）的中心点到其地面投影的垂直高度为 1.73 米。投镖线和镖靶垂直地面之间的直线距离为 2.37 米，投镖线和镖靶中心点之间的对角线距离约为 2.93 米。镖靶面整体应垂直于地面，如下图。

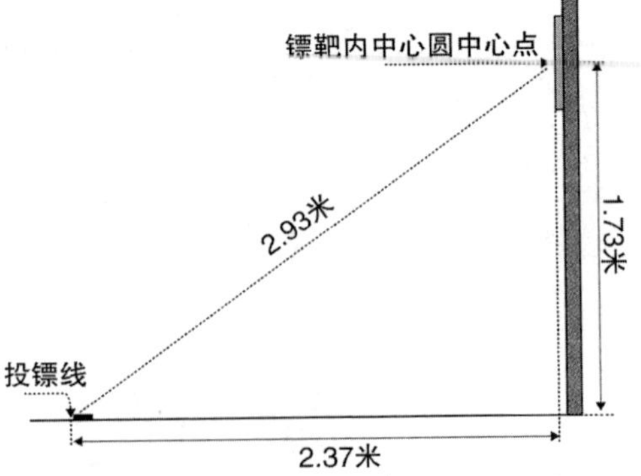

图 3-1-1　硬式飞镖靶心高度和投镖距离

二、软式飞镖的靶心高度和投镖距离

从内圆心（50 分区）的中心点到其地面投影的垂直高度为 1.73 米。从投镖线外沿至靶心面投影的垂直距离是 2.44 米，投镖线和镖靶中心点之间的对角线距离约为 2.99 米。镖靶面整体应垂直于地面，如下图。

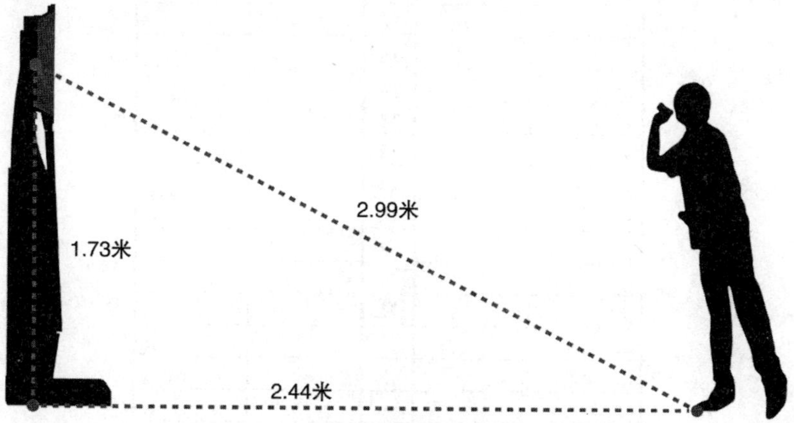

图 3-1-2　软式飞镖靶心高度和投镖距离

三、投镖线

投镖线是与盘面平行的一条直线，一般为突起地面的金属、木质或塑料质地的规则线或板，高度不低于 0.03 米，宽为 0.6 米以上。如果条件有限，也可以直接在地面上贴或画投镖线。

四、计分板

软式飞镖一般带有电子记分系统。硬式飞镖则没有，需要设置一块记分板来记录分数。为了便于观看和记录分数，记分板一般都会设置在镖盘的左侧或是右侧。记分板可以直接用商店里出售的那种 0.4 米×0.6 米的标准白板，或其他可以擦洗的有机板材或其他材料板材，能比较清楚地记录分数就可以。

第一盘 SET 1			第二盘 SET 2			第三盘 SET 3			第一盘 SET 1			第二盘 SET 2			第三盘 SET 3		
1	2	3	4	5	6	7	8	9	1	2	3	4	5	6	7	8	9

姓名 Name	姓名 Name

得分 Score	余分 Balance	01	余分 Balance	得分 Score
1		20		1
2		19		2
3		18		3
4		17		4
5		16		5
6		15		6
7		14		7
8		13		8
9		12		9
10		11		10
11		10		11
12		D		12
13		T		13
14		B		14
15				15
16				16
17				17

图 3-1-3　硬式飞镖计分板

五、镖靶的安装

镖靶的安装非常简单，最便捷的可以直接在墙上钉钉，然后将镖靶直接或穿绳子挂在钉子上就能使用。为了保护墙壁，可以购买专用的飞镖护墙圈，把镖靶直接固定于墙面上，然后套上飞镖护墙圈即可。也可以先在墙壁上镶嵌一块 1 米×1 米左右的木质背板，悬挂高度为中心点到地面 1.73 米左右。为了美观和不反光，最好还在背板上覆盖一层蓝色或绿色的壁毯。

以麻质镖靶的安装为例。首先用两个螺钉（为稳固可用膨胀螺丝），按照标准高度将挂件牢固地拧在墙面或衬板上，然后将较长的螺钉拧在镖靶背板的中心定位孔中，一般要预留出约 5 毫米的距离。接着将三个塑料支脚钉在镖靶背板的另外三个小定位孔中，支脚可以在镖靶和墙壁之间起到支撑的作用，而且还能防止镖靶摆动。将镖靶背板中心的螺丝对准挂具 U 形槽，牢固地挂住，然后通过旋进或旋出镖靶背板中心上的螺丝，使镖靶紧贴于背板而不晃动。这样的设计有着非常明显的好处。当镖靶使用过一段时间后，往往会因为某个分值区被过度集中打中而出现一定的损伤，这时只要转动镖靶，就可以使其更换位置。镖靶转动后，只要保持黑色条块对准外圈最上方的 20 分即可。

镖靶安装的正确高度是：从红心正中心到地面的垂直高度为 1.73 米，镖靶正面垂直于地面。安装多个镖靶时，还需要注意各个镖靶之间距离不要过近。硬式飞镖各投镖区之间的距离以两个镖靶对应一侧之间的距离为准，此距离应不少于 2 米。软式飞镖各投镖区之间的距离以两个飞镖机外框之间的距离为准，此距离应不少于 1 米。

六、灯光要求

软硬式飞镖运动的场地和器材都非常简单，易于推广。硬式飞镖只需要室内有一定的高度，且单块场地只要 3 米长和 1.5 米宽的长方形就可以了。而软式飞镖的镖靶有壁挂式和立柜式，由于立柜式一般使用电子飞镖机，带有抬头显示器，需要的空间高度稍大，须视不同的器材及使用用途来进行合理的配置。

（一）镖道

用来投掷飞镖的投镖区通常称为镖道，它是由投掷线、投掷线至镖靶（或飞镖机）的无障碍通道组成的。考虑到飞镖飞行的轨迹为抛物线，因此镖道上方的高度应至少不低于 2.2 米，软式飞镖机高度需要 2.5 米为宜，且镖道周围的无障碍区至少 1 米，视使用方便、保证安全为宜；正规比赛的镖道通常标以不同着色地板或地胶（或薄地毯），为安全起见，在镖手完成投镖前，任何人包括裁判都不能进入镖道内。

由于飞镖重量较轻，配有尾翼，其投掷的飞行路线和准确度很易受空气气流扰乱，因此正规的镖道都设在室内，并且避免有风吹进镖道，以免投镖受刮风影响。

（二）照明灯光

飞镖运动的照明灯光应保证充足，宜采用光源接近自然光的冷色光源的射灯，冷色光源使人有明亮的感觉，使人精力集中。射灯射出的光线要聚光在镖靶上，从上方、左右两方多处光源照射到镖靶上。这样尽可能使投掷在镖靶上的飞镖没有阴影。硬式镖靶，多采用强度不小于100 瓦的聚光射灯。此外，镖靶旁边的背景灯光不能太强，必须均匀，以不超过镖靶上的亮度为准，以便于运动员在投镖时集中注意力，不受其他灯光影响。而软式飞镖机的立柜式镖靶，亦有自带照明光源，可满足镖靶的照明需求。

如果有观众席，那观众席的灯光亮度不得超过赛场亮度。在正规大型比赛中，决赛使用的镖靶上应采用灯光强度不小于 200 瓦的聚光射灯。为保证整体效果，可使用地面灯和聚光灯，但应避免镖靶反光。

第二节　飞镖运动的器材

飞镖分为硬式飞镖和软式飞镖两种，两者的主要区别在于镖针的材质和镖靶的材质截然不同。此外，除了上节中介绍的投镖距离的区别外，硬式飞镖和软式飞镖在飞镖镖头材质和镖靶分区大小上都有一定差别。

一、飞镖的构成

硬式飞镖是飞镖运动中最传统的一种飞镖，它与软式飞镖最大的区别在于镖尖的不同，硬式飞镖的镖尖通常为钢制，分为可移动镖尖和不可移动镖尖。飞镖由镖针（镖头）、镖身（镖筒）、镖杆和尾翼（镖翼）四部分构成。一套标准的飞镖共有 3 支，其最主要的部分就是镖身，它是决定飞镖重量、质地、形状和价格的主要关键因素。软式飞镖和硬式飞镖的主要区别是镖针的材质不同：硬式飞镖的镖针为钢制的镖针，而软式飞镖的镖头为塑胶镖针。下图是飞镖各个部位的名称。

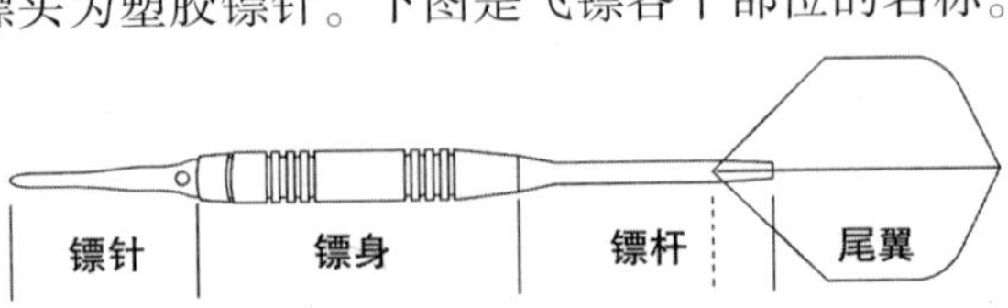

图 3-2-1

（一）镖针

镖针是飞镖最前端的镖尖部分，是通过压装固定在镖身上的，磨损后可以通过特制的专用换针器来进行更换。硬式飞镖的镖针通常由强度和韧性都很高的钢材制成。规格上，镖针有长针、标准针和短针三种，长度分别为 37 毫米、32 毫米、26 毫米。而软式飞镖的镖针是由塑料制成的，并通过螺纹接口与镖身连接，可以随时拆卸、更换。软式飞镖的重量一般在 14 克至 20 克不等。按照国际飞镖比赛规则规定，单支软式飞镖的镖针、镖身、镖杆和尾翼加起来的全重不得超过 20 克，其目的主要是为了保护飞镖机的正常使用。近年来，随着器材的制造技术不断进步，一般对整支飞镖的重量不作限制。

（二）镖身

镖身是飞镖的主体部分，也是握镖的主要部位。它可以由多种材料制成，如软木、黄铜、镍合金和钨合金等。

1. 飞镖镖身的材质

无论软、硬飞镖，其镖身大多由金属制成。由于制造材料的不断发展，经历了铁质、铁镀铜、铁镀镍、铜、钨合金、钛合金等几种材料的制造阶段。铜质镖身约在 1939 年出现，钨合金镖身约在 1972 年出现，而钛合金镖身约在 1987 年出现。此外，我国市场上也有铁镀铜、铁镀镍等简易飞镖，由于价格低廉、易于推广，大多由初学者或各级学校用来提供教学使用。对于较为专业的选手来说，大多使用钨合金、钛合金两种材料的飞镖，这两种材质中又以钨合金（钨钢合金）飞镖的使用较为广泛。钨钢镖密度较大，材料合成稳定，不易氧化，长时间使用不会被汗水腐蚀，使用寿命长，手感良好，价格适中，最受广大专业飞镖爱好者欢迎和使用，它的全镖重量在 16 克至 36 克不等，而钛合金飞镖是由钨合金外包一层贵重的钛合金制作而成，价格不菲，通常用来收藏。

①木质飞镖：镖身一般用软木制成，镖翼则是羽毛的，它是最原始的飞镖，目前极少厂家生产，已成为飞镖迷收集的对象。

②黄铜镖：重量较轻，价格便宜，重量在 12 克至 22 克之间，可配

塑料或铝合金镖杆，适合初学者使用。

③镍合金镖：镖身由镍、铜和锌构成的合金制成，一般为银白色，生产制作简单，价格比较便宜。

④钨合金镖：常说的钨钢镖，镖身由钨镍合金制成，合金比例在70%~97%不等。生产加工难度大，价格较高。比较重，为16~34克，密度大，空气动力效果好，比较经久耐用，但是加工难度和价格比较高。

相同重量的飞镖，钨合金镖体积最小，更有利于飞镖投在同一高分区的概率。因此，钨合金镖使用最为广泛，也是绝大多数飞镖选手最喜爱的专业级飞镖。随着飞镖制造工艺的发展，更多色彩艳丽的飞镖出现在人们眼前。但是不论怎样变化，基本材质仍是以钨合金材质的飞镖为基础进行改造的，如钛合金飞镖就是在钨钢镖的表面镀上一层钛金属。

2. 飞镖镖身的形状

无论硬式飞镖还是软式飞镖，在镖身（镖筒）的制作上，除材质的不同外，为迎合不同镖手的喜好，大概有三种不同的形状：

①直筒型：镖身前后最大直径相等，相对细长，重心一般在镖身的中间，尤其适合初学者使用，也是大多数飞镖参赛者使用的类型。

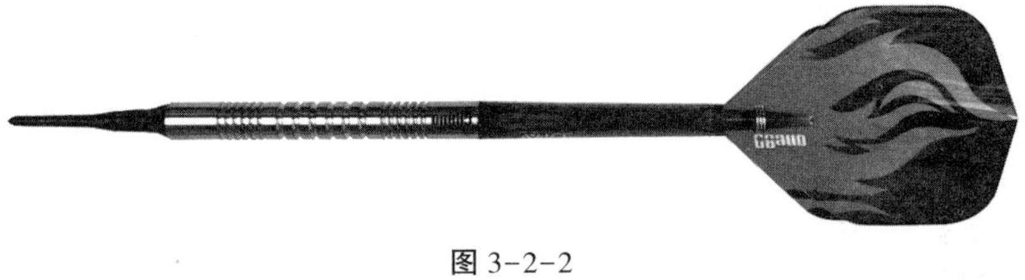

图 3-2-2

②酒桶型：镖身较粗、较短，前、后细，中间粗，重量较为集中，重心一般在镖身的中间或稍靠前半部。

图 3-2-3

③鱼雷型：镖身前粗后细，重心在镖身的前端，由于此类型飞镖的飞行路线相对于直筒型飞镖较难控制，因此使用此种飞镖的人不多。

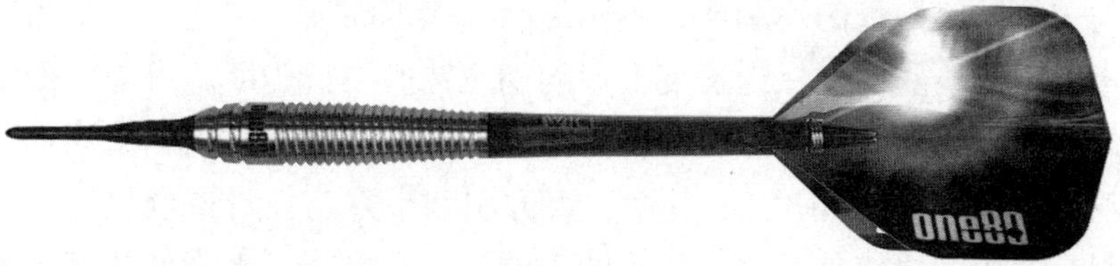

图 3-2-4

（三）镖杆

镖杆是通过螺纹接口连接于镖身。在中国，根据长度（上紧后镖杆的净长，不包括螺纹部分）一般分为长杆、中杆和短杆三种，分别为48 毫米、35 毫米和 28 毫米。大多数飞镖选手使用长杆和中杆。根据使用的材质，镖杆分为铝合金杆、塑料杆、铝塑杆。

1. 铝合金杆。它的镖杆样式极为丰富、美观，使用寿命长，价格比较高。但是由于较重，容易出现飞行的不稳定和着盘后镖尾下垂等问题。如果被撞弯则难以恢复，加上镖杆尾部插槽较尖锐，比较容易损耗镖羽。

2. 塑料杆。它的价格便宜，重量要轻于金属标杆，坚韧性强，不易变形，有利于延长镖尾的使用寿命，而且拧到镖身上不易松动，是大多数飞镖爱好者选择使用的镖杆。

3. 铝塑杆。它结合了铝合金和塑料两者的优点，重量适中，美观耐用。

（四）镖羽

镖羽是飞镖末端用于保持其直线飞行的“尾翼”，也称为“镖尾”“尾翼”或“镖翼”。材质方面，有金属、PVC、尼龙和其他新材质等。除了材质上的区别，还有大小、厚薄、轻重和形状上的不同，选择时要视镖羽质量和自己喜欢来定。目前选择使用“方形”的厚 PVC 镖羽的人较多。

镖羽具有较好的装饰性，很多镖羽的形状和颜色本身就比较好看，还可以印上各种好看的图案和商标等。有些镖手也喜欢使用自己设计的一些独特形状和图案来订制镖羽，具有非常鲜明的个性特征。

镖羽对平衡飞镖飞行过程中的稳定性具有非常重要的作用，十分讲究与飞镖整体搭配的协调性。不同形状的镖羽在飞行中受到的阻力大小是不一样的，这就在一定程度上影响到飞镖的飞行速度。目前市面上比较常见的镖羽形状主要有五种：大方羽、小方羽、窄方羽、水滴羽、鸢形羽（俗称“风筝羽”）。其中，大方羽和小方羽飞行速度较慢，易于控制，适用于比较重及镖身较短的飞镖；而窄方羽、水滴羽及鸢形羽飞行速度较快，相对比较难控制，多用于较轻且镖身较短的飞镖。在使用过程中，镖羽也属于易耗零件，如果一支镖羽有损坏，应立即更换与之相匹配的同类型镖羽，以免影响飞镖飞行的稳定性和投镖的准确性。

二、飞镖器材的选择技巧

一般来说，初学者适用于选择直筒形镖身、长杆镖杆和大方羽或小方羽的镖尾，这样搭配的飞镖能够比较稳定地飞行，也有利于培养良好的投镖感觉。当然，在练习过程中，也可以根据自己的实际情况做出适当的调整，找到适合自身的最佳飞镖组合。还可以直接在商店里挑选自己喜欢的飞镖，但是在挑选的过程中，应注意以下几点：①同一套镖的规格、重量是否一致。②整体表面颜色是否亮丽、有光泽度。③镖筒和镖杆的滚花和着色是否均匀。④镖杆与镖羽及镖筒是否吻合，松紧是否合适、不容易松脱。⑤镖尖是否坚硬，不容易折断和弯曲。⑥各部分的圆度是否均匀，组合后中心是否成一直线。⑦投掷时飞行是否稳定。

三、硬式镖靶

镖靶，又称“飞镖靶”或“镖盘”。硬式镖靶标准材质是以剑麻作为材料，为国际飞镖比赛普遍使用的镖靶，具有投掷感觉好，扎孔自行愈合、基本没有痕迹，成本较高等特点，一般只有 18 英寸一种规格。（有效计分区 13 英寸）

图 3-2-5

（一）硬式飞镖镖靶尺寸

1. 镖盘直径：（454±2）毫米。

2. 数字圈直径：（438±2）毫米。

3. 分割网圈直径：（340±1）毫米。

4. 镖盘厚度：（38±2）毫米。

5. 外中心圆直径：（33±1）毫米。

6. 内中心圆直径：（13±1）毫米。

7. 双倍区外弧宽：（54±1）毫米。

8. 双倍区内弧宽：（50±1）毫米。

9. 三倍区外弧宽：（33±1）毫米。

10. 三倍区内弧宽：（30±1）毫米。

11. 双倍区、三倍区高度：（10±0. 5）毫米。

12. 外单倍区高度：（55±2）毫米。

13. 内单倍区高度：（80±2）毫米。

14. 内分值区底弧宽：（5±0. 5）毫米。

（二）硬式镖靶从材质上区分的种类

1. 木质镖靶。早期的镖靶多是由软木或榆木制成，木质镖靶的保养很麻烦，一般每晚都要把它在水里泡一泡，以防止其干裂变形。现在只有在欧美一些很讲究的酒吧里还能够看到木质镖靶。

2. 纸质镖靶。它是把纸一圈圈地卷起来，外加铁箍制成。纸盘可以说是最便宜的镖靶之一了。

3. 植绒镖靶。它的主要衬垫材料也是纸，只是在其镖靶植上一层纤维。这种镖靶的特点是经济和美观。

4. 磁性飞镖靶。它是铁质的，所用的磁性飞镖并没有镖尖，顶端是一块磁性很强的平头磁铁。这种飞镖的特点是安全性好，不会伤到人或毁坏家具、墙壁。

5. 麻质镖靶。它是现代最流行、质量最好的镖靶，也是各项正规比赛的指定用盘。镖靶是用麻的纤维制成的。英国出产的高级麻质镖靶是以非洲（主要是肯尼亚）的剑麻为材料制成的。中国生产的飞镖原料多来自海南岛，所以很多人习惯将麻质镖靶称为琼麻盘。麻质镖靶的制作相对其他镖靶更复杂，要用超过 10 吨的压力将纤维挤压成型，然后外圈用铁箍固定。因此，好的麻质镖靶硬度适中，待飞镖从盘上拔出后，镖孔会自动闭合，使得其使用寿命远远高于其他材质的镖靶。

（三）硬式镖靶从铁丝网形状区分的种类

随着人们在使用中对划分分区的铁丝网的形状和分布进行了不断的改造，麻质镖靶又衍生出以下几种类型。

1. 三角盘。它并非指盘的形状，而是指铁丝的形状。一般镖靶的铁丝都是圆形的，三角盘的铁丝则是三角形的。这种镖靶大大减少了飞镖被铁丝弹出的概率，世界飞镖锦标赛等重大比赛多使用这种镖靶。

2. 刀盘。这种镖靶是将一片铁片嵌入盘内，盘面没有固定卡子，进一步增加了各个分区的面积并减少飞镖弹出的机会。

3. 练习盘。这种镖靶由英国“NODOR”出产，又名为“迷你红心”或“冠军的选择”，它的双倍区和三倍区的间距只有 5 毫米，几乎是标准镖靶的一半（标准间距为 8 毫米），双倍红心的面积也只有标准镖靶的一半。其被称之为练习盘，是因为这并非正式比赛用盘，而是用于日常练习。许多职业高手的日常练习都使用此种镖靶。

4. 四倍盘。这是英国著名飞镖厂商 HARROWS 独家生产的，其得名是因它在标准镖靶的基础上，又在三倍区和红心之间增加了一圈 4 倍区。这就是说，玩这种盘，一轮 3 镖的最高得分不再是 180 分，而是

240 分。在英国，一些比赛有使用这种镖靶。现代标准的镖靶又称为“表盘”，其 20 个分区的划分看似钟表盘，当然它不是按数字大小顺序排列的。

国际标准镖靶的直径为 453 毫米，数字圈的直径为 436 毫米，分区网的直径是 335 毫米。镖靶上一般有黑、白、红、绿四种颜色。常见的镖靶多为纸质和植绒镖靶，它们的价格很便宜，作为装饰品也很好看，对促进飞镖的普及也起到了相当大的作用。但如果你使用的是正规的钨合金飞镖并且每天练习的话，它们的寿命应该不会超过一星期。因此，对真正的飞镖爱好者来说，不购买这两种镖靶不是经济的问题，而是它们没有使用价值。对于时常练习飞镖的玩家，建议选用麻质镖靶，一是正规，二是使用寿命长，其性价比是最高的。

四、软式镖靶

软式飞镖的镖靶主要为塑料材质，主要是靠镖靶表面有规则设计的蜂窝状的小孔，在投镖时来吸附塑料镖头，安全性能比较高。软式镖靶可以分为壁挂式及柜式两种，一般壁挂式为家庭用较多，而柜式则用于娱乐场所及大型飞镖比赛。

（一）软式飞镖镖靶尺寸

1. 数字圈直径：（538±2）毫米。
2. MISS 区直径：（512±2）毫米。
3. 分割网圈直径：（392±2）毫米。
4. 外中心圆直径：（42±1）毫米。
5. 内中心圆直径：（17±1）毫米。
6. 双倍区外弧宽：（62±1）毫米。
7. 双倍区内弧宽：（56±1）毫米。
8. 三倍区外弧宽：（39±1）毫米。
9. 三倍区内弧宽：（33±1）毫米。
10. 双倍区高度：（18±1）毫米。
11. 三倍区高度：（17±1）毫米。

12. 外单倍区高度：（52±2）毫米。

13. 内单倍区高度：（82±2）毫米。

14. 内单倍区底弧宽：（6.7±0.5）毫米。

（二）壁挂式软式镖靶

壁挂式软式镖靶一般使用支架或悬挂在墙壁上。简单点的壁挂式软式镖靶不带有电子计分功能，当前流行的更多是带有电子计分功能的壁挂式软式镖靶，有的镖靶自带液晶屏直接显示分数，有的则通过蓝牙功能连接用户手机的专用 app 来显示分数。

（三）柜式软式飞镖机

一般软式飞镖机均有可联网电子计分系统，游戏比硬式飞镖多，而且趣味性浓，适合男女老少的休闲康体运动。软式镖靶尺寸为 393.7 毫米（15.5 英寸）。随着科技的发展，壁挂式软式飞镖机已可通过蓝牙技术配合 app，使用智能手机或平板电脑提升玩飞镖的乐趣。柜式飞镖机也可以通过互联网在不同的国家、城市，进行异地飞镖比赛，相信随着科技日新月异的发展，未来的飞镖机设备会给爱好飞镖的人士带来无限惊喜。

壁挂式镖靶（可移动式）

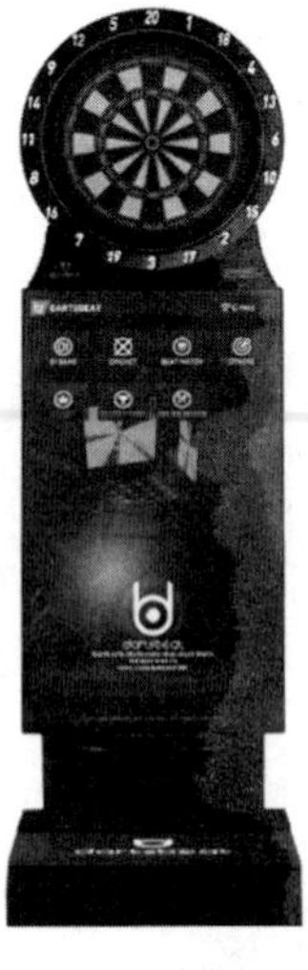

柜式飞镖机

图 3-2-6

五、飞镖镖靶计分

1. 分值区：此区为镖盘外圈标定分数的本分值区。

2. 双倍区：镖盘外圈的狭窄圈环，为各分值区分数的两倍。

3. 三倍区：镖盘内圈的狭窄圈环，为各分值区分数的三倍。

4. 外圆心：此区为 25 分（红色），也叫单牛眼。

5. 内圆心：此区内为50 分，为外圆心的双倍区（黑色），也叫双牛眼。

6. 镖靶各分值区：镖盘 20 分区应在镖盘的正上方（时钟 12 时方向）并为黑色，而其他分值区从 20 分开始被交叉分为两种颜色，顺时针为 1 分、18 分、4 分、13 分、6 分、10 分、15 分、2 分、17 分、3 分、19 分、7 分、16 分、8 分、11 分、14 分、9 分、12 分、5 分。

7. 软式飞镖和硬式飞镖计分的区别：软式镖靶的外红心和内红心默认都是 50 分，均视为双倍区域；硬式镖靶的外红心是 25 分，内红心是 50 分，外红心是单倍区域，内红心是双倍区域。其他区域的计分一样。

图 3-2-7

六、飞镖器材的保养

镖针要经常用飞镖磨石进行打磨，以保持其尖锐度。镖针、镖杆和镖羽等更换时，需要注意选择同一型号和同一规格的配购。

飞镖打在镖靶铁丝或磕在地上等硬物上时会产生倒刺，一定要及时把倒刺磨掉，防止再投镖时损害镖靶。

为减少飞镖投掷托盘对飞镖和墙体的损害，应把镖靶固定在衬板上，或者用织物或麻绳围在镖靶四周。也有人将废旧轮胎或救生圈嵌在镖靶外，保护效果也很好。

麻质镖靶在气候较为潮湿的情况下，可用电吹风把靶面吹干，并尽量放置在干燥处以免发生霉变。有霉点的可用毛刷刷掉污点，再用酒精擦拭干净，吹干后不影响使用效果。

正规麻质镖靶的悬挂点是镖靶中心，其数字圈是可以调整的。正确的保养方法应该是，在玩过一段时间后（一般为一星期），将镖靶旋出，最好不要长期固定地去打镖靶上的某一个分值区，以免造成因使用不当而影响镖靶的整体美观性和使用寿命。

第三节 飞镖运动的配件

前面两节介绍了飞镖的场地和器材，实际上飞镖除了这些必备品，还有许许多多的配件和周边装备，下面就来了解一下飞镖配件。飞镖运动需要的器材很简单，但它却有不少衍生出来的周边产品。它们虽然不是飞镖运动的必需品，却给飞镖运动增添了很多趣味。常见的飞镖运动配件有如下几种。

1. 便于携带飞镖的飞镖镖盒、镖包、镖袋，材质有塑料的，也有皮具、皮革的。

图 3-3-1 镖盒

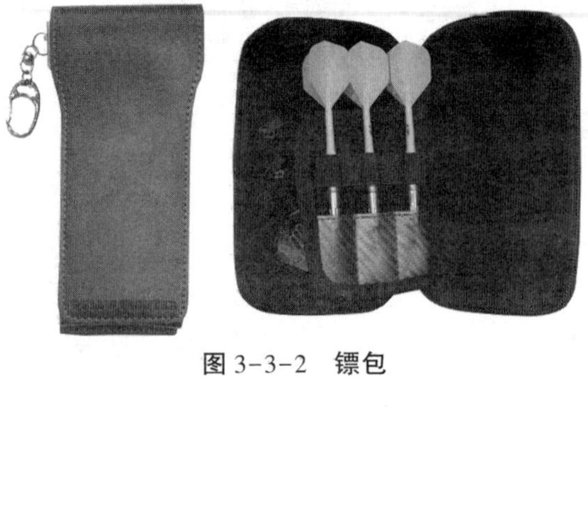
图 3-3-2 镖包

2. 专门用于存放飞镖镖头、飞镖尾翼的盒子、工具。

图 3-3-3　镖头盒挂件

图 3-3-4　镖头盒

图 3-3-5　镖翼盒

3. 镖靶固定支架。有的是三角支架，有的是一体式的，用来固定飞镖靶，有的可以调节高度，分红心 1.73 米和 1.37 米的高度。

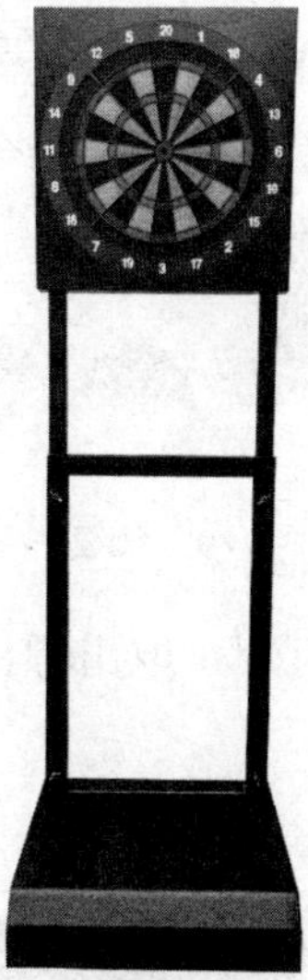

图 3-3-6　可调节高度的飞镖支架

4. 飞镖靶护墙圈。用来保护墙壁的护圈，主要用在硬式镖靶上，套在飞镖靶外，悬挂到墙壁上。

图 3-3-7　飞镖靶护墙圈

5. 镖翼固定工具。有的镖翼使用久了，容易变形，固定工具用来固定镖翼 4 片叶子的角度，同时减少飞镖追尾时对镖翼造成的损坏程度。

图 3-3-8　镖翼固定器

6. 镖翼打孔器。用在将没有空位的飞镖尾翼上，在尾翼上打一个小孔，套上尾翼小圈，使得镖翼跟镖杆的结合更加牢固。

图 3-3-9　镖翼打孔器

7. 断杆断头取出工具。可用于取出镖杆、镖头折断后，残留在镖身处的镖杆、镖头。

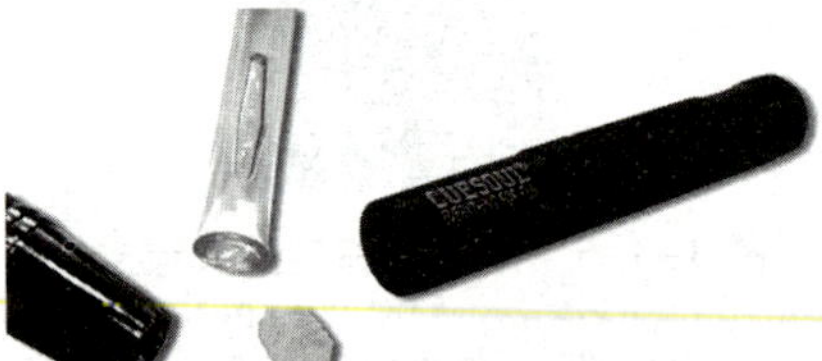

图 3-3-10　断杆断头取出工具

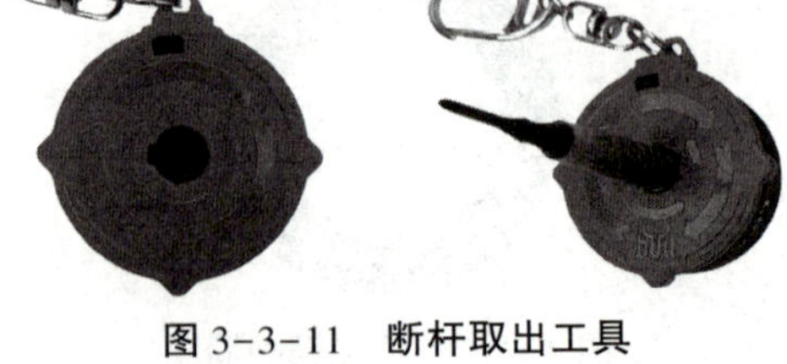

图 3-3-11　断杆取出工具

8. 镖杆护圈。用于防止铝合金、塑料镖杆松动的橡胶/金属垫圈。

图 3-3-12　镖杆护圈

9. 硬镖头磨针石。硬式飞镖的镖针需要经常用磨石进行打磨，以保持尖锐。

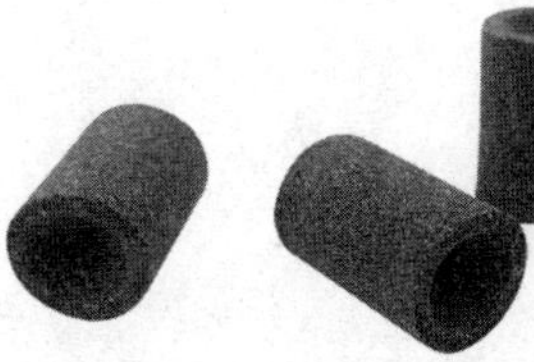

图 3-3-13　磨针石

10. 硬式镖针转换头。可以用来安装在软式飞镖的镖身上，从而用软式飞镖打硬式飞镖。一般硬式飞镖的镖针是跟镖身紧密固定的。

图 3-3-14　硬式镖针转换头

11. 毛巾。用来擦拭飞镖和擦拭选手的手汗，防止飞镖因汗水导致手滑。

图 3-3-15　飞镖方巾

12. 身份卡/会员卡。软式飞镖机中有会员管理系统，注册成为飞镖机的会员后，可以通过 app/网站查看自己的用户数据，拥有自己独特的昵称、头像、皮肤道具等。

图 3-3-16 飞镖会员卡

【思考题】

1. 简述飞镖的构成。
2. 从材质上来看，硬式镖靶分为哪几类?
3. 说出你最喜欢的三个飞镖配件，并描述其用途。

微信扫码

★看发展历程
★解镖身结构
★学得分方法

第四章　飞镖的基本技术

【名人名言】科学的基础是健康的身体。——居里夫人

【学习目标】通过本章的学习，了解掌握飞镖的握镖方法，掌握飞镖的站立姿势，熟练掌握投掷飞镖的基本过程，学会飞镖的基本训练方法。

飞镖是技巧类体育运动，对运动员来说，最基本的就是飞镖的投掷技术，尤其是手部精细肌肉的控制能力。首先，力求使身体整体站立姿势平衡与稳定，利于手臂发力；其次，手部持镖舒适，上肢前后臂及手腕的杠杆动作要协调，与手部发力出镖动作结合顺畅，并配合击靶数字及注意力集中，完成整个投掷动作，也就是要提高身、眼、手、脑协调配合的能力。因此，要掌握飞镖的完整技术，练习者必须细心领会飞镖的握镖、站立姿势、发力掷镖等基本技术动作要领，以反复不断的练习为最重要的前提。

第一节　飞镖的握镖

一、握镖动作要领

握镖是动作要领中变化最多的部分，握镖有可能一天之中有很多种不同的感觉与变化，但一旦选择了二指握、三指握、四指握或全掌式握，就大体上不会变化太多，这可能跟每个人的生活、学习经历有关，练习者只会在练习中对手指指节握镖的部位及出手的感觉上不断变化。大致上来说，只要练习者自己觉得舒服，适合发力出镖就可以，要以能在发力的同时控制住镖的抛物线飞行轨迹为握镖的关键。以下是几种不同握镖方式的示意图。

（一）二指法握镖

即主要以大拇指和食指握住飞镖。

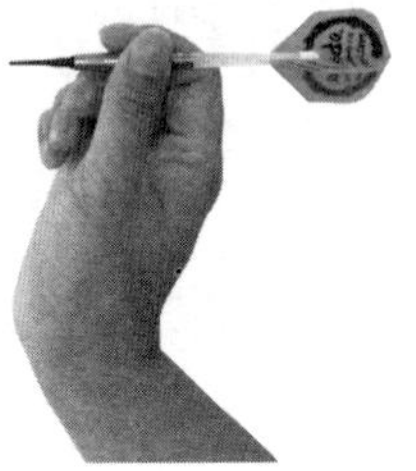

图 4-1-1　二指法握镖

（二）三指法握镖（握笔式握镖）

最常用的握法是三指法握镖，即用大拇指和食指、中指三根手指握住镖杆，大拇指在一侧，食指、中指在另一侧，共同用力夹住镖杆。

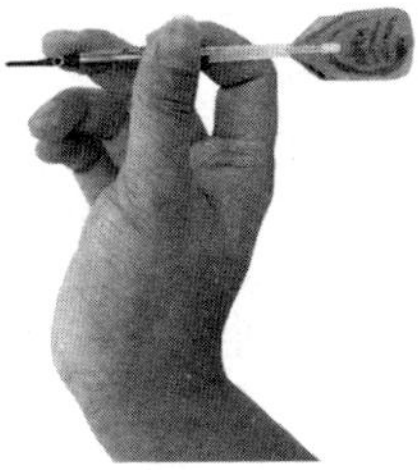

图 4-1-2　三指法握镖

（三）四指法握镖（毛笔式握镖）

即如同握毛笔的方法一样，四根手指握住飞镖。

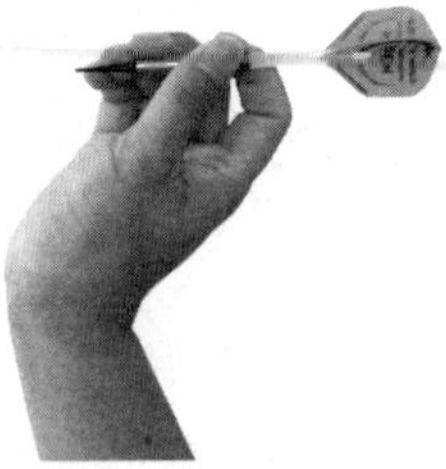

图 4-1-3　四指法握镖

（四）五指法握镖

即以五根手指同时握住飞镖，大拇指在一边，其余手指平行并拢在另一边，同时握住飞镖。

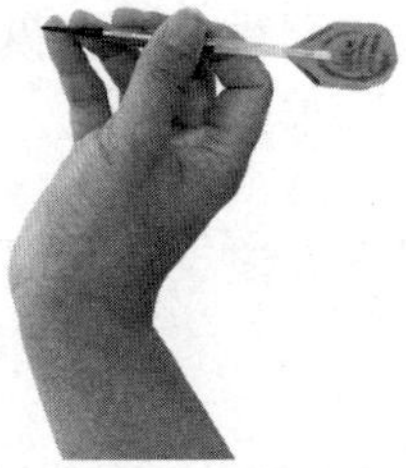

图 4-1-4 五指法握镖

无论何种握镖方法，都应使手指指腹接触镖身，发力的食指与大拇指集中握住飞镖的重心或稍后一点，减少手掌触镖面积，无名指和小指可不触镖，防止踢镖。握镖练习可提高手部灵敏性和控制力。

二、握镖教学方法

(一) 讲解示范握镖基本方法和要求

1. 握镖基本方法。把飞镖与手垂直放在掌沿上，找出它的平衡点(重心)，然后平放飞镖在掌根处，用大拇指把飞镖滚到食指第一指节处，再把大拇指放到重心或后面一点点，最后用其余的一指或几指握住它，至于采用几指握镖法就根据自己的感觉。

2. 握镖基本要求。握镖时稍微握紧但不要过分用力，握镖必须稳定，但不要使手指肌肉过于紧张，只要镖不落地就可以了。如果指尖因握力过大而发白，或者镖筒上的纹路已印到你的指尖上，就是过分用力了。握镖时只要飞镖不会滑动就够了，不过要保证在加速过程中能很好地控制飞镖。

(二) 徒手握镖练习

依照握镖动作要领，想象拿着一支飞镖，分别徒手模拟几种握镖动作，体会手指手腕感觉。

(三) 原地站立握镖练习

在上一步的基础上，拿住飞镖，尝试各种握镖方法，看哪一种比较适合自己。

（四）握镖后的投镖练习

选择好握镖动作，站在投镖线上进行投镖练习，检验一下握镖方法是否适合自己，从而可以进一步调整。

三、握镖易犯错误与纠正办法

（一）握镖易犯错误

1. 采用手指头握镖而未引镖到位。

绝大部分练习者会采用三指法握镖，即握笔式握镖，由大拇指、食指、中指握镖，但关键在于中指扶镖的部位。错误动作是中指扶镖习惯性用中指第一指节背部而不是指腹扶镖，在投掷中中指容易产生踢镖，影响准确度。

2. 握镖太紧。

通常出现的错误都是握镖握得太紧而不是太松。握镖太紧的不利之处在于：来自手臂给杠杆作用的力量不能顺畅地传到手指上，造成腕部动作僵硬；此外手指不能很好地控制出镖过程。在投掷中的表现就是飞镖出手有一定速度，但着落点较低，着落点相差很大，甚至脱靶。

3. 手掌握镖面积过大。

手掌握镖面积超过了三分之二镖身，飞镖着力不集中，易造成飞镖飞行不稳定，影响精确度。

（二）纠正方法

1. 悬挂职业选手握镖方法照片，包括二指法、三指法、四指法（毛笔式）、五指法等，供学生模仿试握。

2. 三指法握镖（握笔式），会产生手指握镖手腕后屈的动作准备不足的现象。开始投镖时，须将飞镖足够后引，即向投掷反方向引镖，手腕后仰，镖尖朝前上方，做好发力投掷的准备。

3. 减少手掌握镖面积，集中在主要手指上发力，提高对飞镖出手的控制度。练习者相互交流，鼓励尝试多种握镖方法。

第二节　飞镖的站立姿势

在投掷线前站立的姿势，是为了更好地接近目标，也是能否准确地投掷飞镖的基础。这种姿势是自然的投掷状态并保持舒适、稳定和身体完全的平衡。

一、站姿动作要领

站姿的第一要素是双脚的位置，双脚的站姿影响到上身姿态。有些练习者第一反应是双脚分开，平行站在投镖线。这样的站位虽然和平常的站姿一样自然，但却使上身不方便探向镖靶，不能使投掷手臂自然发力。因此，最好双脚前后站立，投掷臂靠近镖盘一侧的脚靠近投掷线，即和投掷的手臂相同侧的脚靠近镖盘——如右手镖手，右脚靠前为最好。例如45°角斜对着镖盘（如图4-2-1）。实际上，站立习惯是因人而异的，不管采取何种站立姿势，都应使投掷肩最接近镖盘，每位练习者都应找到一个适合自己的最佳姿势并保持住，身体的上部分越过投掷线是规则所允许的。

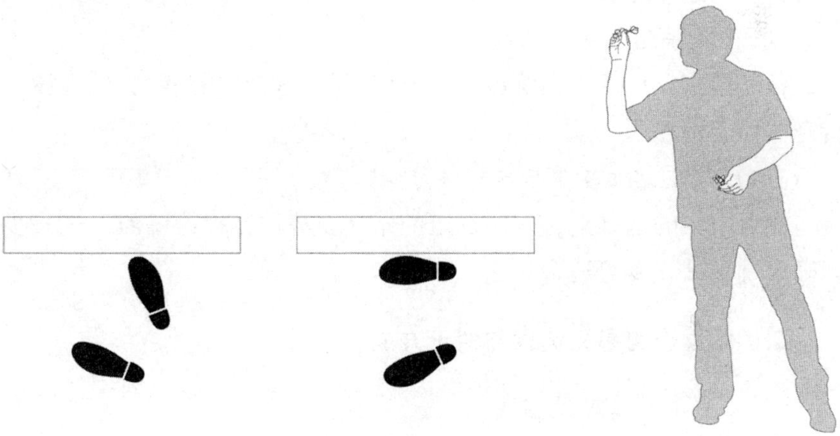

图4-2-1　两种典型的站立姿势

二、站立姿势教学方法

（一）讲解示范站立姿势基本方法和要求

1. 站立姿势基本方法。站立姿势的重点之处是双脚的位置。投掷时，双脚一般有两种站立姿势：一种是一脚在前、一脚在后的姿势，这种姿势最适合初学者。以右手投镖者为例，站立时，右脚在前，左脚旋转一定角度，前脚掌撑地，以使自己站得舒适为原则。右手持镖，身体右半部分对着镖盘，还有一些人则喜欢双脚与镖盘呈45°站立。另一种是脚尖与投掷线平行，右脚外侧靠近投掷线，这是一种较为普遍的站姿。

2. 站立姿势基本要求。站立姿势是准确投镖的关键所在。通常提倡最自然投镖的动作，要求保持舒适、稳定和平衡的站立姿势。舒适是指练习者站立时要自然，全身放松；稳定是指站立时重心要稳定，身体不摇晃，投镖时身体不随手臂运动而摇晃；平衡是要求身体各个部位协调。站姿要点：脚底生根，力从地生。

（二）徒手站立姿势练习

依照站立姿势基本方法和要求，进行两种站立姿势练习，选择一种适合自己的站立姿势。

（三）徒手站立平衡性练习

各种单脚支撑的平衡练习，主要练习与投掷臂同侧的腿的支撑，保持身体稳定性。

（四）选定站立姿势后投镖练习

在上一步的基础上，按照选定的站立姿势进行投镖练习，进一步巩固确定哪种站立姿势适合自己。

三、站立姿势易犯错误与纠正方法

（一）站立姿势易犯错误

1. 投镖时，前脚脚跟会稍抬起，导致大腿抬起，使前腿不稳定。

2. 站立时身体重心放在前脚的足跟处，身体可能会偏向支撑腿的方向，大腿会为了防止侧偏而过度用力。

3. 后脚在投掷时离开地面。

（二）纠正方法

1. 前腿的脚要全脚掌着地，包括脚趾和脚跟，以充分发挥前腿的力量；后腿的脚以前脚掌撑地，脚不要抬起。这样是最稳固的站姿，比赛或者练习时都能够站得更长久。

2. 支撑腿整个脚掌着地，重心落在支撑腿全脚掌上，后腿用前脚掌撑地，保持身体稳定性。

3. 后脚要用前脚掌撑在地面上，这样才能有更好的站姿和稳定性。

第三节　飞镖的投掷过程

一、飞镖的飞行轨迹

掌握好握镖与站姿，最终是为了实现把飞镖投掷出去，命中期望的区域。首先来看一下飞镖的飞行轨迹。它是在重力作用下的一条抛物线，就像一块抛出的石头或一支射出去的箭所循的路线一样。

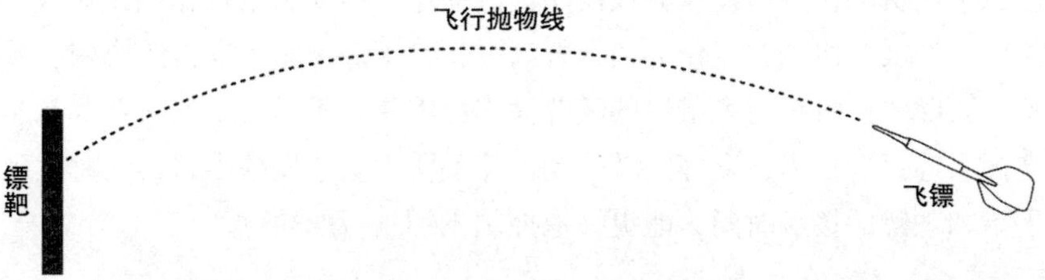

图 4-3-1　飞镖沿抛物线轨迹飞行

抛物线的曲率可大可小，也就意味着飞镖飞行的高低不一，这取决于飞镖投掷的力度，而力度来自手臂力量，每个练习者的手臂力量不同，曲率也就不同。上肢力量大、身材高的练习者曲率小，上肢力量小或身材较矮的练习者曲率大。一次完美的投掷应该使飞镖在加速时恰好沿抛物线，并且保证飞镖脱手后仍沿着原来的路线，所以说瞄准其实是估算抛物线落点，并非简单的三点一线。

为什么必须使飞镖沿一定的曲线运动呢？这是飞镖的重力特性所决

定的，此外我们得看一下做投掷动作的手臂的机械原理，它是由两个关节运动——肘关节和腕关节连接、肩部固定的“三连杆机构”。

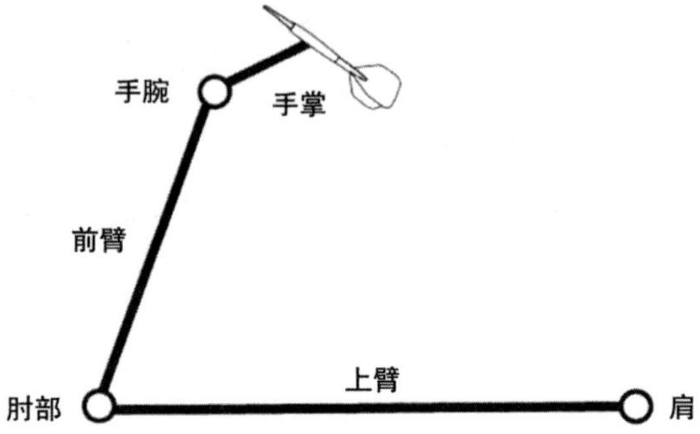

图 4-3-2 手臂“三连杆机构”

如图 4-3-2，两个铰链分别为肘部和手腕，一端固定点为肩，而三连杆为上臂、前臂和手掌。

二、飞镖的投掷过程

站位后的投镖包括五个步骤：瞄准、后移、加速、释放和随势动作。这五个连贯动作类似篮球的投篮动作，动作基本要求也很相似，要求做到流畅、舒展、协调。但作为初学者来说，除了练习整个发力的协调、顺畅外，教师要提醒练习者最后的随势动作，因为并不是每个练习者都能熟练掌握飞镖投掷技术，良好的随势动作使手臂力量能发挥出来，同时也延长手指和飞镖的接触时间，能更好地控制飞镖飞行的轨迹。

（一）瞄准

首先要提醒大家注意的是，飞镖的瞄准与打枪的射击瞄准是不一样的。打枪的射击瞄准，子弹的初速度大，人体器官无法直接感受抛物线，而由枪的准星、标尺而进行辅助，只需一只眼瞄准。而飞镖的出手初速度低，距离短，它的瞄准是两眼瞄准。这个过程需要两眼近距离立体地感知距离和决定手臂发力的快慢，所以两眼先要盯着目标，肘关节抬起，上臂与地面垂直，让眼睛、飞镖、目标点成一条线。

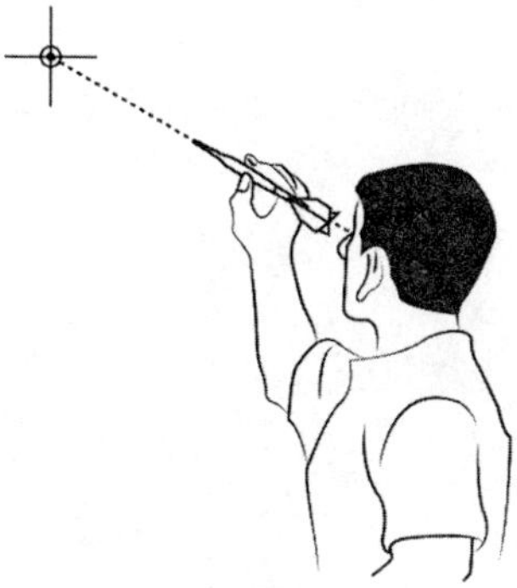

图 4-3-3

（二）后移

后移多远依个人习惯和上肢力量而定。常见的错误是因为控制困难而后移得不充分，从而达不到足够的加速度和精度。在投掷动作的前期即前臂后移时肘部应基本保持不动，在手臂前挥后飞镖加速过程的某一点，肘部才顺势上扬。

（三）加速

这个过程没有想象的那样难。不要太快，也不要太用力，尽量自然圆滑地运动，让飞镖沿着一定的抛物线方向运动，切记适当地提肘。

（四）释放

只要用正确的方法投掷，这一步就不会有大问题。如果觉得释放点掌握不好，那么很有可能是有前述的技术错误（没有移动肘部或者没有进行下面说到的随势动作）。值得注意的是初学者如果全用手指持镖的话，这个释放点是很不固定的，这就会造成飞镖落点非常分散。

（五）随势动作

这是很重要的一点。在投出镖之后，手应继续沿着原来瞄准目标的方向前行。典型的错误就是释放飞镖后手臂马上垂下。

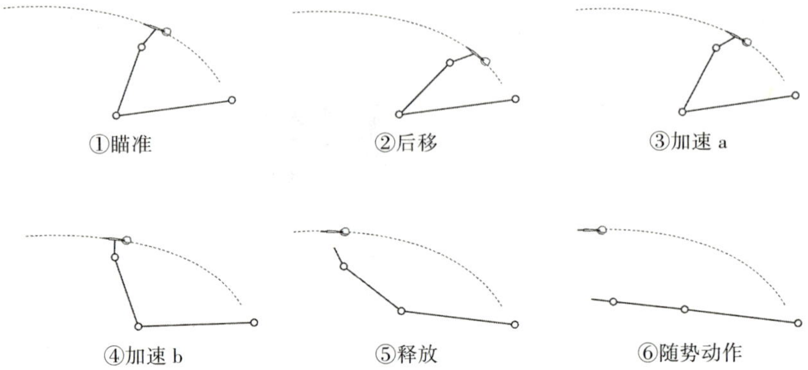

图 4-3-4

投掷过程中应注意以下几点：

1. 肩：必须保持肩部不动，也就是在投掷过程中，只有手臂和手腕是传递力量的，是可以活动的，身体其他部分都应保持一定的姿势不动。

2. 肘：在投掷动作的前期即前臂后移时肘部应基本保持不动，在手臂前挥后飞镖加速过程的某一点，肘部才顺势上扬。初学者也许会听到这样的建议："飞镖投掷时肘部千万不要动。"这实际上是一种错误的说法。如果保持肘部不动，将不得不提前释放飞镖，也就是飞镖沿抛物线的引导过程过短。这就像手枪和步枪在精度方面的差异，步枪较长的枪筒使它的准星提高。所以，飞镖的引导路线越长，准确率就越高。为了使飞镖沿需要的路线前进，必须在投掷动作的后期提肘，还要注意手在脱镖后应继续沿着原来的路线出去，这使释放过程变得简单，不需要寻找非常精确的释放点，只要在某一段任何一点让飞镖脱手都能保证飞镖的飞行路线。

3. 腕：腕的动作经常引起争论，有些人对甩腕这个动作也不是很强调，也许觉得它不是很有必要。而事实上，很多职业参赛者都使用甩腕的动作来增加速度。由"三连杆机构"很容易联想到甩鞭子的动作。如果使用腕力，鞭子的一端将跑得更快，其他部分就可以少用力，从而提高准确性。但是甩腕也容易出现失误：因为多了一样东西需要控制，也就多了一个失误的来源。虽然很多专家和职业参赛者使用甩腕，但不推荐初学者使用这个动作。

4. 持镖手：持镖的那只手，应当在投掷三镖过程中减少移动，保持稳定性，一般会摆放在同侧腰部。每一次投镖后再次取镖时路径应保持一致。

三、飞镖投掷过程教学方法

（一）讲解投掷过程基本方法和要求

1. 投掷过程基本方法。瞄准时眼睛、飞镖、目标分数区应成一条直线；后移时肘部应基本保持不动；加速时不要太快，也不要太用力，沿着一定的抛物线方向自然圆滑地运动；释放时依照目标分数区而确定释放点；随势动作时手在飞镖投出后应继续沿着原来瞄准目标的方向前行。

2. 投掷过程基本要求。瞄准、后移、加速、释放和随势动作依次进行，做到自然、放松、连贯，保持身体稳定。

（二）徒手练习

依照投掷过程的五个步骤，进行瞄准、后移、加速、释放和随势动作的徒手模仿练习。

（三）使用辅助工具练习

1. 手持毛巾进行投掷过程的模仿练习。

2. 手持空矿泉水瓶进行投掷过程的模仿练习。

（四）完整投掷过程练习

手持飞镖，站在投掷线上，依照瞄准、后移、加速、释放和随势动作的基本要求，进行投掷飞镖练习。

四、飞镖投掷过程易犯错误与纠正方法

（一）投掷过程易犯错误

1. 身体姿态向前探，勾肩缩脖子，下巴压低。

2. 肘部下沉投镖。

（二）纠正方法

1. 要自信地站立，抬头挺胸。因为下巴压低，肩膀就会压低，要适当抬高下巴，站得舒服，站得稳固。

2. 大臂要保持水平，小臂与大臂垂直形成 90 度，在 90 度前后屈伸。投镖后，手臂完全伸直，保持身体的稳定性。大臂保持水平非常重要，如果肘部下沉投镖，接着就需要抬肘，这样会导致不得不推镖。

第四节　飞镖的常用训练方法

飞镖基本训练方法分为六个步骤：投掷动作训练、落点训练、强化训练、心理训练、计算分数训练（硬式）、实战训练。

一、投掷动作训练

（一）目的：形成正确动作定型。

（二）训练方法：

1. 站立姿势

投镖时双脚应站在投镖线后，前脚与投镖线呈 0~45 度，身体微微前倾，以投镖手同侧的腿为支撑腿，另一条腿向后伸展以保持平衡，侧身，以投镖手一侧的肩部正对镖盘，挺胸，大臂上举与肩平齐，小臂自然上举。投镖时，身体保持稳定。

2. 握镖

握镖方法因人而异，需要在平时练习中摸索掌握。但要注意，在握镖时大拇指应放在飞镖的重心点上。

3. 瞄准

在每一轮投掷过程中，让你的眼睛、镖、目标点形成一线，固定不变。

4. 投掷过程

投镖时肩部保持不动，用小臂带动手腕和手将镖投出（在投掷动作的前期即手臂后甩时肘部应基本保持不动，在手臂前挥飞镖加速过程的某一点，肘部才顺势上扬）。在投出镖后，手应继续沿着原来瞄准目标的方向，手腕自然下垂。每次投镖时留意投镖的感觉，让每次投镖的感觉尽可能相同（提高命中率）。

（三）重点：仔细体会投掷动作，在投掷时身体保持不动。

二、落点训练

（一）目的：提高投掷的准确性。

（二）训练方法：

1. 熟记镖盘分值区所在位置

了解飞镖盘上各分值区的位置，并在投镖练习中牢记。

2. 密度训练

在每轮投镖过程中，投掷的感觉越相同，三镖之间的距离就越小，落点的密度就越高。

3. 落点训练

从 1~20 分值区及其二倍区、三倍区和红心区，按顺序分别进行练习，争取达到三镖的落点可在任意选择的分值区内。

（三）重点：熟记镖盘各分值区的位置，确定各落点的感觉。

三、强化性训练

（一）目的：保持肌肉用力的身体感觉。

（二）训练方法：站在投镖线上，反复多次投同一分值区，要求快速投镖，落点集中。

（三）重点：强化肌肉用力的感觉。

四、心理训练

（一）目的：保持竞技心理，在比赛中发挥正常水平。

（二）训练方法：模拟比赛场景，或者设置一定条件进行实战，锻炼心态调节能力，为参与各类正式大赛做好准备，力求达到更高的竞技心理水平。

（三）重点：飞镖比赛中对心理素质要求极高，不宜有其他杂念。

五、计算分数训练

（一）目的：提高计算能力，保证在比赛中不因计算分数缓慢而影响投掷的连续性。

（二）训练方法：口算加减法练习，最高分结束练习。

（三）重点：拆分技巧。

六、实战训练（竞赛）

（一）目的：提高飞镖技术水平、拆分能力和抗压能力。

（二）训练方法：高分赛、301 比赛、501 比赛、米老鼠比赛等个人赛、团体赛。

（三）重点：飞镖运动竞赛综合能力的提升。

以上是飞镖运动的训练方法，训练由易到难，基本原理是将训练过程中的技术教学和拆分能力结合运用。

【思考题】

1. 常用的握镖方法有哪几种？
2. 常用的站立姿势有哪几种？
3. 简述投掷飞镖的基本步骤。
4. 飞镖的常用训练方法有哪些？

第五章　飞镖竞赛基本策略

【名人名言】 身体的健康因静止不动而破坏，因运动练习而长期保持。——苏格拉底

【学习目标】 熟练掌握飞镖竞赛项目的玩法；掌握和运用飞镖竞赛项目的技巧与策略。

“策略”就是为了实现某一个目标，预先根据可能出现的问题制订的若干对应的方案，并且在实现目标的过程中，根据形势的发展和变化来制订出新的方案，或者根据形势的发展和变化来选择相应的方案，最终实现目标。飞镖竞赛基本策略就是依照各个竞赛项目的特点，根据比赛的实际情况制定相应的措施和方案。

第一节　高分赛的策略

一、高分赛的概念

高分赛是飞镖比赛最基本的一种比赛方法，以累计飞镖命中镖靶的得分为成绩。高分赛每人共投8轮，每轮3镖，得分累加，得分高者胜出。

高分赛在硬镖中较为少见，在软镖中常见。软式电子飞镖机中标准的高分赛是8轮高分赛，每个玩家有8个回合的得分机会。根据竞赛规则，可以延伸出多种玩法，可以是单人赛，也可以是双人赛、团体赛。有时候也使用99镖的高分赛来统计、评定玩家的技术水平。

二、高分赛的策略

高分赛因为没有01比赛中“提前结束比赛”的规则，每个玩家投

掷的飞镖镖数是一样的。每个玩家只管投好自己的每一镖，不会被对手影响。一般软镖高分赛都以打红心为主，打 T20 存在风险，因为 20 分值区的左右分别是 5 和 1。

虽然高分赛的得分与谁是先手关系不大，因为每个人都是投 8 轮，一般来说不会受其他选手成绩的影响，主要是跟自己的投掷结果相关。然而在实际的对抗中，也有一些小技巧需要注意。当两人对抗时，获胜的关键在于比对手投的得分高，超出 1 分与超出 100 分的效果是一样的，所以当到最后 2 回合时，就要根据对手的水平和自己的水平去选择投掷的区域。先手玩家要根据对手的水平，保持一个更有效的领先分数差。后手在最后一回合投镖前，一定要计算好跟对手的分数差，如何选择投掷的区域增加获胜的概率。例如在初级玩家中，后手落后对方 33 分，这个时候最优解是瞄准 T14 区域投掷，即使投掷到上下两个单倍区（9 和 11），三镖 S14、S9、S11 也可以获得 34 分。

第二节　01 比赛的策略

一、01 比赛的概念

飞镖 01 比赛就是减分赛，包括 301、501、701、901、1101、1501 等。常见的 01 比赛是 501 减分赛。比赛开始前，每个玩家的基本分数为 501 分，轮流投镖，从 501 分开始，扣去每一镖得分，以倒扣的方式进行比赛，先扣到 0 分的一方胜出。一般为了保证比赛时间，会限制总的投镖回合数，未能结镖的，也会结束比赛。一般软镖比赛会限制总回合数为 15 或 20 回合，在回合全部结束后玩家分数都不能归 0 的，以剩余分数最低者获胜，分数相同的，以后手获胜。硬镖比赛中，所有玩家分数在回合全部结束后均未能归 0，可以直接采用一镖争红心分胜负，也可以采用剩余分数最低者获胜的规则。

二、飞镖比赛常用专业用语

1. 爆镖：01 比赛中，玩家投镖后，三镖或三镖内任意一镖的分数超过所剩余的分数，或使剩余的分数无法结束比赛（双倍结束小于等于1，三倍结束小于等于2），或在双倍结束/三倍结束条件下，投中非双倍区/三倍区使剩余分数归0，即为爆镖，结束本回合投镖，其分数仍为此轮投镖前的分数。

2. 根据开始计分和结束镖的要求不同和对红心的分数设定，还有一些附加的比赛规则，常见的有：

（1）直接开始：OPEN IN（简称OI），镖靶任一区域均可作为有效分数开始计分倒扣。

（2）双倍开始：DOUBLE IN（简称DI），第一镖必须命中镖靶双倍区域，方开始计分，否则以0分处理。

（3）大师开始：MASTER IN（简称MI），第一镖必须命中镖靶的双倍或三倍区域，方开始计分，否则以0分处理。

（4）直接结束：OPEN OUT（简称OO），对最后一镖的命中区域没要求，只要打出剩余分数即减到0分即获胜。

（5）双倍结束：DOUBLE OUT（简称DO），最后一镖必须命中双倍区域，将分数减到0分，方为胜出。

（6）大师结束：MASTER OUT（简称MO），最后一镖必须命中双倍或三倍区域，将分数减到0分，方为胜出。

（7）单牛眼设置：50/50，镖靶内牛眼和外牛眼的分值默认均为50分，这两个分区在比赛时均可视为双倍区。

（8）双牛眼设置：25/50，镖靶内牛眼和外牛眼的分值分别是50分和25分，内牛眼属双倍区，外牛眼属单倍区。

硬镖比赛中，无特殊说明的，红心为双牛眼设置（25/50）；软镖比赛中，默认红心为单牛眼设置（50/50）。

举例：501减分赛中，单牛眼设置，红心内外圈均为双倍，直接开始，双倍结束，剩余51分：

A. 第一镖命中红心50分，剩余1分，因为1分无法进行双倍结束，所以判定为爆镖。

B. 第一镖命中S1，得1分，第二镖命中红心，则归0成功，结束比赛。

C. 第一镖命中 T1，得 3 分，剩余 48 分，第二镖命中 T16，分数归 0，但因为规则要求双倍结束，命中 16 的三倍区域归 0，故判定为爆镖。

D. 第一镖命中 T1，第二镖命中 S16，剩余 32 分，第三镖命中 D16，归 0 成功，因结束镖是命中 16 的双倍区域，故胜出。

01 比赛根据开始的基本分数不同，在软式飞镖比赛中还有 301 减分赛、701 减分赛、901 减分赛、1101 减分赛、1501 减分赛等。

三、01 比赛的策略

（一）拆分能力

在 01 比赛中，准确率、拆分能力以及策略这三大要素是赢得比赛的关键因素。准确率是获胜的基础，也是最重要的因素，没有极高投镖准确率做保证，即使有再强大的拆分能力和高明的策略，比赛结果都不会按照自己设定的路线进行。然而拆分能力也是不容忽视的。

飞镖投掷对于动作的一致性和连贯性要求甚高，而这需要良好的节奏来保证。随着比赛的进行，大多数选手都面临如何在 170 分内使用 3 支镖进行结镖的问题，因此每镖都非常重要。多数选手每投一镖便停下来计算，即使有一定拆分能力的选手也因为未投中三倍区或双倍区目标，需要停下来重新计算分数。这时投镖节奏会被打乱，投镖的手感也会被破坏。

在比赛过程中，快速思考如何算分，为自己留下一个更好的分数，这能让你在同样水平的对手中增加获胜的概率。例如剩余 179 分，当前回合剩余一镖，这个时候应该去投 T19 区域，期望为下回合剩下 122 分，如命中 S19，则剩下 160 分。160 分是可以用一回合结束比赛的分数（T20+T20+D20）。如选择去投 T20 区域，如命中 S20，则剩下 159 分，虽然比 160 分少了 1 分，但 159 分在双倍结束的规则下是无法一回合结束的。所以，如何留下一个合适的分数很重要。这需要熟悉 180 分之内，哪些分数是无法 3 镖结束的，应当避开这些分数，尽量留下让自己舒服的分数。再往前一步，在 300 多分时，记住 6 镖能够双倍结束的最大分数，也能让自已提升一点胜率。在340分以上，只有5个分数是可以在6镖结束的，它们分别是350分、347分、344分、341分、340分。

当剩余分数可在3镖结束时，还需要注意选择更合理的结镖方式。当你去投1个三倍区或双倍区域时，你要考虑假如命中旁边的分区或单倍区的结果。所以，2的次方分数是比较受欢迎的。当你剩下32分时，投D16；如命中S16，可以选择投D8；如命中S8，可以选择投D4；如命中S4，可以选择投D2。一般来说，给自己留一个4的倍数或8的倍数的分数较好。例如在直接结束规则下，剩余73分，有很多2镖结镖的方式，T20+13，T19+16，T18+19，T17+D11，T15+D14，T13+D17，T11+D20等，一般都会选择投T19，因为如果命中S19，剩余的54分是可以T18来结镖的。如果投T20，命中S20，剩余的53分是1镖无法结束的。基于这些原则，前人总结了170分内，硬式飞镖在双倍结束、双牛眼红心规则下，最优选的投镖方式，如表7。

表7　硬式飞镖剩余3镖的结镖方式（双倍结束）

3镖结镖方式优选（T=三倍，D=双倍，SB=单牛眼，DB=双牛眼）

余分	第一镖	第二镖	第三镖	备注
170	T20	T20	DB	祝你好运
167	T20	T19	DB	前2镖次序可以互换
164	T20	T18	DB	第二种方法的节奏似乎更好
	T19	T19	DB	
161	T20	T17	DB	
160	T20	T20	D20	
158	T20	T20	D19	第一种方法更好
	T18	T18	DB	
157	T20	T19	D20	前2镖次序可以互换
156	T20	T20	D18	
155	T20	T19	D19	
154	T20	T18	D20	第二种方法的节奏似乎更好
	T19	T19	D20	
153	T20	T19	D18	
152	T20	T20	D16	

续上表

余分	第一镖	第二镖	第三镖	备注
151	T20	T17	D20	
	T19	T18	D20	
150	T20	T18	D18	3 个 DB 的方法不建议比赛中使用
	T19	T19	D18	
149	T20	T19	D16	
148	T20	T20	D14	另外还有其他方法，但这两种是最好的
	T19	T17	D20	
147	T20	T17	D18	
	T19	T18	D18	
146	T20	T18	D16	
	T19	T19	D16	
145	T20	T15	D20	此种高分区 3 倍减分方法是最好选择
144	T20	T20	D12	
143	T20	T17	D16	
	T19	T18	D16	
142	T20	T14	D20	也曾有人采用 T20，DB，D16 的方法
	T17	T17	D20	
141	T20	T15	D18	不论使用何种方法都要注意尽量将分数减至 90
140	T20	T20	D10	
139	T20	T19	D11	看 39 的尾数别扭先打 T19 也可以，然后 T14，D20
	T20	T13	D20	
138	T20	T18	D12	
	T19	T19	D12	
137	T20	T19	D10	
136	T20	T20	D8	
135	DB	T15	D20	投中 SB 的情况下依然有机会 2 镖结束 110 分
	T20	T17	D12	
134	T20	T14	D16	
133	T20	T19	D8	
132	DB	T14	D20	道理同 135 分
	T20	T16	D12	
131	T20	T13	D16	
130	T20	T20	D5	只要前 2 镖有 1 镖打中 T20，就有 DB 收镖机会
	T20	20	Bull	

续上表

余分	第一镖	第二镖	第三镖	备注
129	T19	T16	D12	唯一正确选择
128	T18	T18	D10	第 1 镖打中 S18，还有 2 镖结束的机会
	T18	T14	D16	
127	T20	T17	D8	
126	T19	19	DB	对手进入射程时，检验你是否会拆分的标准
	T19	T19	D6	
125	DB	SB	DB	
	T18	T19	D7	先打 18，如果不中 3 倍，剩 107 分仍可 2 镖结束
124	T20	T14	D11	
123	T19	T16	D9	
	DB	T19	D8	
122	T18	T18	D7	第 2 镖不中 3 倍还可冲红心
	SB	T19	D20	最后不用冲红心
121	T20	T11	D14	第 1 镖不中 3 倍，第 2 镖还可以打 T17 冲红心
	T17	T20	D5	第 2 镖不中 3 倍还可以冲红心
	SB	T20	D18	最后不用冲红心
120	T20	20	D20	
119	T19	T12	D13	要避开 99 分这个分数，2 镖无法结镖
118	T20	18	D20	避免第 1 镖不中 3 倍须冲红心
	T18	T14	D11	
117	T20	17	D20	
	T17	T16	D9	
116	T19	19	D20	相对第二种，不用调整分区
	T20	16	D20	
115	T20	15	D20	
114	T20	14	D20	
	T19	17	D20	
113	T20	13	D20	
	T19	16	D20	
112	T18	18	D20	相对第二种，不用调整分区
	T20	12	D20	
111	T20	11	D20	
	T19	14	D20	

续上表

余分	第一镖	第二镖	第三镖	备注
110	T20	10	D20	
	DB	20	D20	
	T20	DB		剩 2 镖的打法
109	T20	9	D20	
	T19	12	D20	
108	T17	17	D20	相对第二种，不用调整分区
	T20	8	D20	
107	T20	7	D20	
	T19	10	D20	
106	T20	6	D20	
	T18	12	D20	
105	T19	8	D20	
	T20	13	D16	
	T17	14	D20	
104	T18	DB		
	T20	12	D16	
	T18	10	D20	
103	T19	10	D18	
	T20	11	D16	
102	T20	10	D16	
	T18	8	D20	
101	T17	10	D20	
	T19	12	D16	
	T20	9	D16	
	T17	DB		剩 2 镖的打法
100	T20	D20		
99	T19	10	D16	
98	T20	D19		
97	T19	D20		
96	T20	D18		
95	SB	T20	D5	第一种方法你不必一定投中 3 倍，第 2 支投中 S20，冲红心
	T19	D19		
94	SB	T19	D6	
	T18	D20		

续上表

余分	第一镖	第二镖	第三镖	备注
93	SB	T18	D7	
	T19	D18		
92	SB	T17	D8	
	T20	D16		
91	SB	T16	D9	
	T17	D20		
90	T20	D15		第一种是对手有可能结束时的打法，2 个单倍也可打红心
	T18	D18		
	DB	D20		
89	T19	D16		能留 89 就不要留 90，没有选择会让你专心比赛
88	T20	D14		第 1 镖不要打 T16，如果打到 S16 减不到 70 分，剩 2 镖打 T16
87	T17	D18		
86	T18	D16		
85	T19	D14		85~81 都可以第 1 镖打红心，打中 SB 可以打一个单倍调整双倍
	T15	D20		
	SB	S20	D20	
84	T20	D12		
	T16	D18		
83	T17	D16		
82	DB	D16		第二种方法也是剩 2 支镖才采用的
	T14	D20		
81	T15	D18		
	T19	D12		
80	T20	D10		你也可以选择投 2 个 S20，先投 T16 是剩 2 镖的选择
	T16	D16		
79	T19	D11		第一种方法是更佳选择，投 T13 是剩 2 镖的选择
	T13	D20		
78	T18	D12		任何情况下唯一正确选择
77	T19	D10		道理同 79 分
	T15	D16		
76	T20	D8		

续上表

余分	第一镖	第二镖	第三镖	备注
75	T17	D12		第二种选择是剩 2 镖的打法
	SB	DB		
74	T14	D16		选择第一种方法的比例大一些
	T18	D10		
73	T19	D8		
72	T12	D18		三种方法无优劣之分，看个人习惯
	T16	D12		打 16 分区的选择前两镖都可以毫无顾忌打 3 倍区
	T20	D6		
71	T13	D16		
	T17	D10		
70	T18	D8		
	T10	D20		比打 T18 的优势是跑镖到 15 后还能单倍不冲红心
	T20	D5		第三种方法是剩 2 镖的选择
69	T19	D6		任何情况下唯一正确选择
68	T20	D4		第一、二种方法都是 3 支镖打法
	T16	D10		
	T18	D7		第三种方法是剩 2 支镖打法，单倍可打红心
67	T17	D8		任何情况下唯一正确的选择
66	T10	D18		第一、二种方法为剩 3 支镖打法
	DB	D8		
	T16	D9		第三种方法是剩 2 支镖的选择
65	T11	D16		最漂亮的一种选择
	T19	D4		第二、三种方法都是 3 支镖打法
	SB	D11		
	T15	D10		这是剩 2 支镖的打法
64	T16	D8		
	T14	D11		这是剩 2 支镖的打法
63	T13	D12		这是剩 2 支镖的打法
	T17	D6		先打 17，中单倍剩 46 分，对于初学者来说 6/10 比较安全
62	T10	D16		韦德也会打 T14，D10
	T12	D13		这是剩 2 支镖的打法
61	SB	D18		若中内牛眼还要调整 1 镖
	T15	D8		这是剩 3 支镖的打法
	T11	D14		这是剩 2 支镖的打法

续上表

余分	第一镖	第二镖	第三镖	备注
60	20	D20		唯一打法
59	19	D20		唯一打法
58	18	D20		唯一打法
57	17	D20		唯一打法
56	16	D20		56 以下注意调单倍不要爆镖
55	15	D20		打 S19、D18 有可能爆镖
54	14	D20		打 S18、D18 有可能爆镖
53	13	D20		第二种方法剩 2 支镖时使用更好，偏 S3 还可以打 DB
	S17	D18		注意剩 2 支镖时选择安全打法
52	12	D20		安全打法，打 S20、D16 有可能爆镖
51	11	D20		打 S19、D16 有可能爆镖
	S15	D18		
50	S10	D20		剩 1 支镖才冲 DB，打 S18、D16 容易爆镖
49	S9	D20		T17 这样的高分会断送你的胜利
48	S16	D16		注意要瞄着 8 和 16 之间的铁丝投，避免 T16 爆镖
47	S15	D16		剩 2 支镖可以打 S19、D14，偏到 7 还可以打 D20
	S7	D20		
46	S10	D18		注意瞄着 6 和 10 的结合部打
	S14	D16		
45	S13	D16		还有 S9，D18
	S5	D20		
44	S12	D16		也可以瞄着 8 和 16 的结合部调整
	S4	D20		
43	S11	D16		第二种方法最稳妥，偏 S19，S17 都可以见双倍
	S3	D20		
42	S10	D16		瞄准 6 和 10 的结合部投
	S6	D18		
41	S9	D16		S1～D20 也是可以的
	S5	D18		
40	D20			
39	S7	D16		对于初学者来说要好好利用下部 4 个相邻的单数区
	S19	D10		
	S3	D18		
38	D19			

续上表

余分	第一镖	第二镖	第三镖	备注
37	S5	D16		
36	D18			
35	S3	D16		也可瞄准 3 和 19 的结合部投
34	D17			
33	S1	D16		第二种方法更稳妥，偏到 3 的区域不会影响收双倍
	S17	D8		
32	D16			
31	S7	D12		S15，D8 也是常见选择，但要注意 T15 会爆镖
30	D15			
29	S5	D12		也可利用 7、19、3、17 这个广阔的单数分区
28	D14			
27	S3	D12		这是利用镖盘下部广阔单数分区最理想的分数
	S7	D10		
26	D13			也可以瞄准 6 和 10 结合部先调 1 镖
25	S17	D4		
	S9	D8		
24	D12			
23	S7	D8		可利用 7、19、3 这个广阔单数分区
22	D11			也可以瞄准 6 和 10 的结合部先调 1 镖
21	S5	D8		
	S17	D2		
20	D10			
19	S3	D8		
18	D9			也可瞄准 6 和 10 的结合部先调 1 镖
17	S9	D4		S1～D8 的选择不好，偏 20 或 18 分区是致命的
	S1	D8		剩 1 支镖时候调 S1 即使爆镖也要好过偏 12 或 14
16	D8			
15	S7	D4		
	S3	D6		
14	D7			
13	S5	D4		对于余下的单数分应先减至 D4
12	D6			7 和 5 则应减至 D2
11	S3	D4		

续上表

余分	第一镖	第二镖	第三镖	备注
10	D5			
9	S1	D4		
8	D4			
7	S3	D2		
6	D3			
5	S1	D2		
4	D2			
3	S1	D1		
2	D1			

（二）善用红心调分和收镖

在硬镖比赛中，用好牛眼进行调分和收镖，可以起到很好的效果。

第一种情况是，三镖在手，在命中外牛眼时，还可以有机会完成收镖的分数。例如 132、135，这两个分数三镖结镖时，第一镖选择打牛眼，即使命中 SB，25 分，那么还有机会两镖收掉余分。命中外牛眼，那么就剩下 107 和 110 分，分别可以用 T19+DB 和 T20+DB 来进行结镖。

第二种情况是，三镖在手，在命中外牛眼时，第二镖通过打一个单倍区，第三镖就可以收双的情况。例如 66 分和 82 分，这两个分数三镖收的时候，很多时候第一镖会选择打牛眼，命中内牛眼，分别留下一个漂亮的 16 分和 32 分，命中外牛眼，也可以用 S9+D16 和 S17+D20 来结束。

第三种情况是，在只剩余两镖时，选择这样的结镖方式，在第一镖打三倍偏离到单倍区，有冲击内牛眼结镖的方式。例如 61 分，在剩余两镖时，选择打 T11，如果命中 S11，第二镖还有机会用 DB 收镖。

第四种情况是，在命中外牛眼时，留下一个可以用一个单倍+内牛眼结束的分数。例如 95 分，很多时候会选择打牛眼，如命中外牛眼 SB，那么剩下 70 分，第二镖选择 T20，第二镖如果偏离到 S20，还可以用内牛眼 DB 来结镖。如果选择 T19+D19 的组合，第二镖偏离到 S19，第三镖就无法结镖了。

第五种情况是，在第一镖不中三倍区时，避免去冲击内牛眼才结镖。例如 122 分，可以选择打 T18+T18+D7，也可以选择打 SB+T19+

D20。第一种组合，在第一镖和第二镖有一镖不中三倍区时，还有机会冲击内牛眼结镖。第二种组合，第一镖命中内牛眼，就可以用一个三倍+一个双倍结镖，第一镖命中外牛眼，同样可用一个三倍+一个双倍结镖，不用去冲内牛眼结镖。

总之，在结镖时，有时要在失误发生、有冲击内牛眼结镖的机会，有时要避免最后一镖打内牛眼结镖的机会。每个运动员都应当根据自己的状态，找到适合自己的节奏。

第三节　米老鼠的策略

一、米老鼠的概念

米老鼠，又叫魁科特，镖靶有效区域为 15、16、17、18、19、20 和红心 7 个区域。通过命中这些区域，给对应数字记分。通常，单倍记为 1 分、双倍 2 分和三倍 3 分，其中内圈红心为双倍，外圈红心为单倍。如果得 3 分，则关闭该数字，如果再次命中该数字，则获得该数字对应的分数。如果双方都关闭该数字，则该数字成为无效区，双方都不能再通过命中该数字得分。如果全部回合结束时，任何一方没有关闭所有数字，则分高者赢。如果有一方在全部回合结束前，关闭了所有数字，并且得分大于等于对手，则该玩家胜出，因为对手已经无法得分。

二、米老鼠的策略

1. 优先关闭高分值的数字，从 20 到 15，到红心，尽量命中三倍区域得 3 分。

2. 当分数领先时，保持分数领先，得分的同时去关闭对方已经关闭的数字，可以给对手很大压力。

3. 当分数落后时，应先关闭新的数字得分，再关闭对方已经关闭的数字，使其无法得分。

4. 当对方关闭的数字比自己关闭的数字大很多时，应当尽快关闭对方的数字。例如对方关闭 20，自己关闭 15，这个时候即使分数落后，也应当尽快关闭 20，使 20 区变成无效区。因为同样命中三倍区，T20 要比 T15 多得 15 分。

5. 有时候不按照 20—19—18—17—16—15—BULL 的顺序来关闭数字，可以起到打乱对手节奏的效果。

第四节　团体赛的策略

一、飞镖团体赛常见项目介绍

飞镖团体赛常见的项目有单人赛+双人赛+队制赛混合举行，整场比赛分为若干盘，每盘比赛按照规定双方团队派出队员参赛，每盘比赛可以一局定胜负，也可以采用三局两胜、五局三胜等方式进行，获胜的选手为队伍获得盘分，以获得盘分的多少决定整场胜负关系。在这样的比赛规则下，一般会限制每个人在整场比赛的出场次数，甚至限制一个玩家出场比赛的次数，如同一个玩家，不能在一场团体赛中出场两次单人赛。

例如某次团体赛，每个队伍有 4 名运动员，7 盘 4 胜，共打 7 盘，分 1 盘四人赛、3 盘双人赛、3 盘单人赛，同时要求 1 名运动员只能出场一次单人赛，双人赛组合不能重复。每个人最多参加 7 盘中的 4 盘。

盘次	赛制	比赛项目
1	双人赛，一局定胜负	501，双倍开始，双倍结束
2	单人赛，三局两胜	301—301—301，直接开始，直接结束
3	单人赛，三局两胜	标准米老鼠
4	双人赛，一局定胜负	双人米老鼠
5	双人赛，一局定胜负	队制 501
6	单人赛，三局两胜	701—701—701，直接开始，大师结束
7	四人赛，一局定胜负	1101

按照以上规则，第 2、3、5 盘的运动员应该是不同的 3 个人；第 1、4、6 盘的运动员双人组合，不能一样。同时，一个人最多可以参加 1 盘单人赛，2 盘双人赛（搭配不同队友）、1 盘四人赛，或者参加 3 盘双人赛（搭配不同的 3 个队友）和 1 盘四人赛，同时另外 3 个单人赛由另外 3 个队友分别出战。这样的规则下，衍生出排阵对抗的乐趣。

二、飞镖团体赛的策略

团体赛因为有多盘赛事，队长在安排团体赛的出场顺序时，应当充分考虑整场赛事，在比赛规则内，尽量安排队员参加擅长的比赛项目，同时又要针对对手的排阵顺序做相应的调整，以达到“田忌赛马”的效果。以最弱对最强，最强对中等，中等对最弱，这样可以在整体实力落后的情况下，取得整场比赛的胜利。

【思考题】

1. 高分赛中最后一回合，后手落后对方 33 分，如何处理这 3 镖的投镖区域，并阐述理由。
2. 软式飞镖 501 减分赛中，大师结镖，剩余 127 分，3 镖如何选择？
3. 硬式飞镖 501 减分赛中，双倍结束，剩余 119 分和 126 分，应当分别选择如何投镖？
4. 简述米老鼠比赛的策略。

第六章　飞镖竞赛规则与裁判法

【名人名言】悬衡而知平，没规而知圆。——韩非子

【学习目标】通过学习了解飞镖的竞赛规则与裁判法，能够执裁小型赛事。

第一节　飞镖竞赛规则简介

一、硬式飞镖

（一）硬式飞镖竞赛通则

1. 硬式飞镖竞赛的准则

（1）比赛时每一轮投 3 镖。运动员必须在不借助其他任何设备的情况下用手投掷飞镖。

（2）运动员在投镖过程中双脚严禁同时离地，如双脚同时离地则为犯规，此镖不计分数。

（3）运动员在每轮投镖过程中，双脚不能以任何方式踩踏或超越投镖线，如踩踏投镖线，此镖不计分数，不得重投；如超越投镖线，则表示此轮未投出的镖为弃权镖，不得重投；只记录已投出有效镖的所得分数。

（4）在投镖动作开始后，运动员所持飞镖镖翼与眉平行并超过肩部时即为投镖开始，在此时间以后飞镖无论以任何形式脱离投镖的手都为投出，不得重投。

（5）飞镖被镖盘弹回、坠落地面时，此镖不得重投，不计分数。

（6）双人、团体比赛时，运动员的投镖顺序必须按照比赛表格上所排列的顺序投镖。

（7）飞镖投出后的得分以镖尖接触到镖盘的区域为准，其他部位接触镖盘或镖尖未接触到镖盘的，均不得分。

（8）硬式飞镖竞赛采用 501 减分赛，直接开始，双倍结束。

（9）501 减分赛总回合数 15，回合全部结束后，所有运动员均未能成功将分数归 0，则判定剩余分数低的胜出或采取争红心的方式分胜负。

2. 争先（双人、团体赛事均以一人为代表）

（1）争先是指比赛中，双方通过向镖靶投镖，来决定哪方先手投镖的行为，又叫争红心、抢红心。在硬式飞镖比赛中，先手投镖占有优势。双方运动员在练镖后开始争先，争先胜者在第一局，以及其后该场比赛中所有奇数局均先手开始投镖；另一方在第二局及其后的偶数局先手开始投镖。在团体或双人比赛中，争先胜出者不一定在比赛中先手投镖。

（2）争先方法：

①双方以投硬币或者其他抽签方法决定由哪一方先争红心。

②双方向圆心区各投一镖，根据飞镖距离红心的远近决定比赛开始顺序。

③双方运动员在各投一镖后，由裁判员决定哪一方的镖距离红心近，距离红心近者为胜方。

④如果先投的选手投中红心区（内红心或外红心），该选手应该把镖从镖靶上取下，再由下一位选手投镖。

⑤双人或团体比赛，每对或队须派比赛排序首发的选手参加争先。

（3）在争先时，下列情况可以重投：

①双方的镖同在圆心区（50 分或 25 分）内，裁判裁定两支飞镖与红心的距离相等（重新争先将采用与前一次倒转的顺序进行）。

②任何一方的镖被镖盘弹回落地。

③后投的选手将先投的选手镖击落，则两名选手重新投镖争先。

3. 爆镖

硬式飞镖比赛默认双倍结束，运动员投镖后，三镖或三镖内任意一镖的分数超过剩余分数，或者只剩 1 分，或者命中单倍区、三倍区的分数归 0 时，即为爆镖，其分数仍为此轮投镖前的分数。

4. 记分（飞镖比赛的得分是通过镖头/针附着在镖靶表面且在双倍区外圈线条环绕分区内所得分数来确定）

（1）当裁判员宣布得分时，在镖靶有效分值区内的得分有效。

（2）选手投镖后，必须等裁判员宣布并记录得分后才能把镖拔下。在宣布和记录得分后，飞镖应由投掷者收回，投掷者通过此行为表示承认所宣布和记录的分数。

（3）任何一方对得分有异议时，必须在拔镖前提出，否则无效。

（4）记分员应按照剩余分数减去得分的方法，计算再次剩余得分。

（5）选手的得分记录必须明显地写在记分板上，记分板放在选手和裁判员前方与眼睛水平的位置。

（6）任何一方请求复查自己或对方上一轮剩余分数记录，必须在自己或对方下一轮的剩余分数还未被记录前提出，如发现上一轮剩余分数记录有误，可要求裁判进行更改；如自己或对方下一轮的剩余分数已被记录，再发现上一轮剩余分数记录有误，则上一轮剩余分数记录不得更改。

（7）在比赛过程中，记分员以及在场其他人员，不能提示选手投镖所得分数或剩余分数，同时不能提示选手所剩分数是多少分的双倍区。

（8）在比赛过程中，选手可以要求裁判员告知本人所投中的单镖得分或每轮投镖前的剩余分数。如果裁判员告知的单镖得分数或每轮投镖前的剩余分数有误，而选手结束了错误的剩余分数，则该选手可将这一结果认为是正确结果或要求重新投一次。

（9）任何选手以在该盘先投中结束所需的双倍区使其分数减为0者为胜方。

5. 运动员的准则

（1）必须在规定的检录时间内报到，接受检录。

（2）比赛过程中必须听从裁判员的裁决，如因异议、进行纠缠致使比赛中断5分钟的，即为罢赛。

（3）必须严格遵守比赛场地的使用规定。

（4）除裁判员、报分员、记分员、记录员和指定的参赛运动员外，其他任何人一律不许进入比赛区。

(5) 比赛过程中不得喧哗和干扰运动员投镖。

(6) 比赛过程中，在运动员投镖时，其他运动员必须站在该选手身后侧 1 米以外。

(7) 比赛过程中不得吸烟、吃食物、饮用含酒精饮品。

(8) 比赛过程中严禁携带和使用传呼机、手机等通信设备。

(9) 运动员要穿着得体。比赛时上身应着有领上衣，下身应穿长裤。严禁穿着背心、短裤、无领衫及拖鞋入场。团体比赛，每队运动员着装应统一。双打比赛，每对运动员的着装应统一。未经组织者允许，任何选手不得穿着带有广告材料、标语、公司、产品名称或者俱乐部名称的服装。

(10) 在比赛过程中，如出现参赛运动员的比赛用具损坏或丢失，此运动员将被允许在裁判的陪同下，用最多 2 分钟的时间修理或者替换用具。

(11) 在一场比赛过程中，如运动员因紧急原因须离开赛场，在此局比赛结束后、下局比赛开始前，可允许该运动员在裁判的陪同下离开赛场一次，时间最多 5 分钟。

(12) 在比赛过程中，运动员之间应相互尊重，严禁烦扰其他运动员或使用攻击性语言或动作，严禁任何非运动员的行为（例如故意输掉一场或者一轮比赛，故意拖延比赛等）。

(二) 硬式飞镖比赛项目

硬式飞镖比赛项目较少，正式比赛一般采用 501 减分赛，直接开始，双倍结束。在一些新手比赛中，也可采用直接开始，直接结束。

二、软式飞镖

(一) 软式飞镖竞赛通则

1. 软式飞镖竞赛的准则

(1) 软式飞镖比赛记分，全部以飞镖机显示分数为准。

(2) 软式飞镖比赛中，运动员必须使用专门为软式飞镖比赛生产的软式（塑料）镖尖进行比赛，不得使用已损坏（折断、开裂等）镖尖进行比赛。

（3）飞镖被弹回落地，此镖不得重投，分数按飞镖机显示分数计算。

（4）如飞镖已经插在靶上与飞镖机显示分数不同，马上停止比赛，不可移动任何飞镖，通知裁判到场处理，比赛双方同意更正，可以使用退镖功能手调更正分数。

（5）在软式飞镖比赛过程中，由于选手操作不当而引起的记分错误，责任由选手自负。

（6）决胜镖出现后，如飞镖没插在靶上而飞镖机显示结束，则以飞镖机显示数据为准；如决胜镖已经插在靶上而飞镖机没有记分或未显示正常分数，也算胜出，由裁判以手动调整分数。

（7）飞镖已经拔离镖靶，对方也已投镖后，不能要求任何更正。

（8）参赛者在投完 3 镖后，不论飞镖机是自动还是需要手动按键“参赛者更换”，在飞镖机显示屏尚未显示下一参赛者投镖，另一参赛者不能投镖，已投的飞镖视为无效处罚，不能重新投掷。

（9）单牛眼设置时（50/50），镖靶内牛眼和外牛眼的分值默认均为 50 分，这两个分区在比赛时均可视为双倍区。双牛眼设置时（25/50），镖靶内牛眼和外牛眼的分值分别是 50 分和 25 分，内牛眼属双倍区，外牛眼属单倍区。

（10）运动员有责任确认在自己轮次允许投掷的灯亮后再进行比赛（不要急于投镖）。

（11）如飞镖机因某些原因故障及在比赛期间停电，比赛中断，裁判会尝试复原比赛至中断前状态，若无法复原，必须重新进行比赛。

2. 争先

（1）软式飞镖比赛争先跟硬式飞镖比赛争先大致相同，一样是通过争红心，胜出者有选择权。胜出者可以选择先手也可以选择后手。

（2）争先方法。

双方通过抛硬币或机器自带的随机判定功能等抽签方式决定哪一方先投争红心。双方各投一镖，靠近镖靶最中间的胜出。与硬式飞镖不同，软式飞镖的镖靶上是一个个孔位，所以只有当一方命中红心最中间的孔位时，才需要拔镖下来，给后者也有机会投中最中间的孔位。

（3）在争先时，下列情况可以重投：

①双方的镖与红心最中间的距离相等（重新争先将采用与前一次倒转的顺序进行）。留在镖靶上面的镖不用拔出。

②任何一方的镖被镖盘弹回落地。

③后投的选手将先投的选手镖击落，先投的选手应当重新投镖争先。

（4）软式飞镖比赛有时会采用混合比赛项目，这种情况下，决胜局争先胜出的选手有权选择先后手或选择决胜局的比赛项目。

3. 爆镖

（1）爆镖：运动员投镖后，三镖或三镖内任意一镖的分数超过剩余分数，或者使剩余分数无法在比赛结镖规则下结镖，即为爆镖，其分数仍为此轮投镖前的分数。

（2）软式飞镖比赛的结镖要求多种多样，常见的有：

双倍结束：DOUBLE OUT，要求最后结镖必须是投中双倍区。

大师结束：MASTER OUT，要求以倍区结镖。

三倍结束：TRIPLE OUT，要求三倍区结镖。

在软式飞镖比赛中，结镖必须按照赛事规定来，否则就会判定爆镖甚至直接判负。

4. 运动员的准则

软式飞镖比赛运动员准则与硬式飞镖的基本相同，但因为软式飞镖机自带计分功能，在一些大型赛事中，甚至没有给每场比赛配置专门的裁判员，由运动员互相监督，这给运动员提出了不同的要求。

（1）运动员在软式飞镖比赛中，不仅要对自己的分数负责，也要观察留意对手的情况，如有异常，及时向工作人员或裁判员汇报。

（2）软式飞镖比赛项目比硬式飞镖多很多，运动员应在赛前熟悉比赛项目、比赛的设定条件和比赛机器设备的操作，以免比赛中出错。

（二）软式飞镖比赛项目

1. 单一的比赛项目

（1）01 比赛

软式飞镖比赛因为电子化、智能化，比赛设备会自动计分，一些高质量的飞镖机品牌还有会员等级系统，所以会出现不同分数的 01 比赛项目，根据等级不同，01 比赛项目的基础分数不同。常见的有 301、501、701、901、1101、1501，其中最常见的是 501 和 701。而 301 在一些入门级别的比赛中也经常被采纳，901 和 1101 一般会出现在团体赛中。

（2）雪分队制赛

软式飞镖比赛独特的玩法。适用于双人队制赛，两人一个队伍，两个队伍进行比赛。每个玩家分别有一个 01 的基础分数，每个队伍有一个总分。当一支队伍总分大幅度高于另外一支队伍的总分时，这个队伍的运动员不允许结镖（这个状态叫作被雪分），当运动员的分数被雪分，如果他将分数归 0，那么系统会判定他爆镖。只有队友将剩余分数降低，将与另一支队伍的总分追近，那么才会解开被雪分的状态。雪分队制赛考验队伍两个人的配合、信任、心态，适用于水平不均匀的比赛，使比赛更加精彩，更有看头。

（3）米老鼠比赛

软式飞镖的米老鼠项目也多种多样，平时所说的米老鼠就是标准米老鼠，另外还有加分米老鼠、随机米老鼠等一系列的玩法。一般软式飞镖比赛采用标准米老鼠作为比赛项目。

2. 混合形式的比赛项目

软式飞镖比赛中，经常出现 01+米老鼠组合形式的比赛项目。

例如，三局两胜的对抗中，501+米老鼠+自选，第一局为 501 减分赛，第二局为标准米老鼠，第三局在 501 和米老鼠中选择一个比赛项目。往往第三局开始前要进行争红心，争红心获胜者可以选择先后手，或者确定比赛项目。

3. 较为特别的比赛项目

（1）高分赛

在软式飞镖比赛中，高分赛经常会出现。它用来作为刚入门的选手比赛项目，容易上手，规则简单。同时，有些比赛会用高分赛来作为排位赛、末位淘汰赛，根据运动员的高分赛成绩，为后面的淘汰赛进行定位，或直接淘汰选出前 N 名选手。

（2）减半

减半有着跟米老鼠类似的有效分区，未能达到命中数量，得分将会减半，给比赛增加了偶然性，对选手的心理素质要求高，具有观赏性强的特点，也经常出现在赛场中。

第二节　飞镖竞赛裁判法简介

一、目的

1. 确保《飞镖竞赛规则》的实施。
2. 提供裁判员现场执法操作依据。
3. 保证飞镖竞赛公正和正常进行。

二、要求

1. 裁判员必须精通《竞赛规则》，熟练掌握和运用《裁判法》。
2. 严肃认真、公正准确地执行工作。
3. 加强团结，提高业务水平，确保《竞赛规则》的实施。
4. 维护运动员的平等权益。

三、竞赛组织

1. 竞赛表格及裁判用具：在裁判报到前完成。
2. 场地、器材、设备：在运动员报到前完成场地的设置及按竞赛规模准备比赛器材。

3. 奖品准备和发奖安排：运动员报到前完成。

（1）奖品准备：按竞赛规格和单项的录取人数准备奖杯、奖章、证书和奖金。

（2）颁奖安排：落实各级颁奖事宜。

4. 接待：赛会期间安排接站、食宿、交通等事宜。

四、编排

（一）编排前的工作

1. 了解情况

依照竞赛规程，了解本次竞赛日期，拟安排的场次，开、闭幕式时间，参赛队数及参赛人数等。

2. 审查报名单

（1）各项目的报名人数、领队、教练数是否符合规程规定。

（2）运动员代表的单位是否有双跨现象。

（3）报名单位签章是否符合规程的要求。

（二）秩序册内容

1. 贺词

2. 竞赛规程（参见范例 1）

3. 承办单位补充通知

4. 组织委员会及组织机构名单

5. 仲裁委员会名单

6. 裁判委员会名单

7. 各代表队名单

8. 各项目参赛运动员名单

9. 大会活动及竞赛日程（参见范例 2）

10. 各代表队人数统计

11. 广告

范例1：

×××飞镖锦标赛竞赛规程

一、竞赛日期和地点

××年×月×日至××年×月×日在××举行。

二、参加单位

各省、自治区、直辖市、计划单列市体委、各行业体协直属、体育学院、各部门。

三、竞赛项目（见规则）

四、参加办法

（一）每队限报运动员8名（男女各4名）。

（二）各队参加单项比赛人数应在8名之内不限。

五、竞赛办法

（一）进行男、女，单、双打比赛。

（二）进行男、女团体比赛。

（三）进行不公开的预赛。

（四）参加双人赛比赛的运动员可跨单位组队。

六、录取名次和计分办法

（一）各项比赛录取前8名。

（二）计分办法按9、7、6、5、4、3、2、1分的顺序排列，即获第一名者（队）得9分，第二名得7分，以此类推。

七、奖励办法

（一）各项比赛获得前3名运动员颁发奖杯和证书。

（二）团体比赛中获得第一名的队伍颁发奖杯、奖章、奖状，第二、第三名颁发奖章、奖状。

（三）获得单项特别奖的运动员颁发奖章（杯）和证书。

八、报名和报到

（一）运动员人数在6名以上的队伍，可报领队、教练共2名，运动员人数在3名（含3名）以上、5名（含5名）以下的队伍，可报领队、教练共1名，运动员人数在2名（含2名）以下的队伍，领队、教练可参加大会，但须向比赛承办单位交纳竞赛管理费。

（二）各队（人）填写大会统一制作的报名表一式两份，于赛前30天（以邮戳为准）分别寄到主办单位和承办单位，逾期报名，按不参加论。

（三）各代表队（人）于赛前两天到大会报到。

（四）各参赛单位可在单位或个人名称前冠以企业名称，但须在报到的同时向比赛承办单位交纳宣传费（含秩序册、成绩册以及在竞赛中对企业名称的宣传）。

（五）参加单位或个人须在报名的同时向比赛承办单位交纳报名费。

九、参赛单位的旅费、食宿费自理。

十、仲裁委员和裁判员：由中国飞镖协会/当地飞镖协会选派。

十一、参考国家体育总局审定的《飞镖竞赛规则》。

十二、未尽事项由承办单位另行通知。

范例 2：

<table>
<tr><th>日期</th><th>上午</th><th>下午</th><th>晚上</th></tr>
<tr><td>6月1日(日)</td><td colspan="3">裁判员报到</td></tr>
<tr><td>6月2日(一)</td><td colspan="3">运动员报到、裁判员学习</td></tr>
<tr><td>6月3日(二)</td><td>组委会、裁判员全体会议</td><td>技术会议</td><td>机动</td></tr>
<tr><td>6月4日(三)</td><td colspan="3">预赛</td></tr>
<tr><td>6月5日(四)</td><td colspan="3">预赛、复赛</td></tr>
<tr><td>6月6日(五)</td><td colspan="3">复赛</td></tr>
<tr><td>6月7日(六)</td><td colspan="3">半决赛</td></tr>
<tr><td>6月8日(日)</td><td>决赛</td><td>决赛</td><td>决赛、闭幕式</td></tr>
<tr><td>6月9日(一)</td><td colspan="3">离会</td></tr>
</table>

五、比赛流程

（一）预赛

在这一赛程中，要比出进入复赛的运动员，其程序是：

1. 赛前 20 分钟，由检录长进行第一次检录。

2. 赛前 5 分钟第二次检录，全体运动员由检录长讲解有关竞赛注意事项、检查飞镖。

3. 带领运动员进入赛场。

4. 赛前 2 分钟第三次检录，临场裁判员就位。

5. 记录处发给临场裁判员“预赛成绩表”，裁判员在“预赛成绩表”上注明裁判场位号。

6. 运动员各练习 9 镖、运动员争先。

7. 比赛开始。

8. 比赛结束，裁判员和运动员签名，记录员收回“预赛成绩表”进行统计。

9. 记录长将复赛运动员名单交裁判长审核，审定后，交检录长和报告员公布。

（二）复赛

在这一赛程中要比出进入 1/4 决赛阶段的运动员，其程序与预赛相同。

（三）1/4 决赛、半决赛

在比赛过程中要决出进入决赛选手，比赛在同一场地分先后进行，比赛程序与预赛相同。

（四）决赛

在这一赛程中，排列决赛的运动员名次，先进行三、四名决赛，最后进行一、二名决赛。其程序是：

1. 赛前 20 分钟，检录员第一次检录。

2. 赛前 5 分钟第二次检录，集合运动员，检查飞镖。

3. 赛前 2 分钟第三次检录，裁判员就位。

4. 运动员入场。

5. 记录长发给临场裁判员“决赛记分表”，同时运动员练镖。

6. 裁判员宣布比赛开始，运动员争先。

7. 比赛结束，裁判员和运动员签名。

8. 记录处收回“决赛记分表”，排列运动员名次。

9. 记录长将统计表、名次排列表交裁判长审核、签名。

10. 记录长将审核后名次送交组委会，填写奖状。

11. 宣告员请运动员入场。

12. 裁判长按 8、7、6、5、4、3、2、1 顺序宣布比赛名次。

13. 颁奖仪式。

14. 比赛结束。

六、裁判人员组成

飞镖竞赛设仲裁委员会、裁判委员会、裁判长、副裁判长、裁判员、记录长、记录员、检录长、检录员、宣告员、医务人员等。在一次竞赛中，其人数配备应根据竞赛性质、规模、主办单位的要求和参赛运动员的具体数量来决定。

裁判人员的配备：

职务	裁判长	副裁判长	记录长	记录员	后备裁判	临场裁判	检录长	检录员	宣告员		医生
人数	1	2~3	1	2~4	4~6	2×n	1	2~4	男 1	女 1	1~2

注：n 为赛场数。

七、裁判人员职责

（一）仲裁委员会

1. 保证竞赛规则的实施，对裁判员进行考核，当发现裁判员严重漏判、误判时，在取得多数意见同意后，与裁判长会商给予及时处理和纠正。

2. 监督裁判委员会的工作，任何仲裁委员会成员在未取得仲裁委员会多数意见时，不得干预、指使裁判员的正常工作，否则将由仲裁委员会撤换其职务。

3. 仲裁委员会一经发现裁判员营私舞弊和有不适宜担任临场裁判工作的言行时，有权向裁判长建议，经过仲裁委员会会商予以撤换。若裁判长或副裁判长有同样言行，经仲裁委员会同意并报请大会组委会，可撤销其职务。

（二）裁判长

1. 组织和培训裁判员，制定竞赛程序和工作计划，明确裁判人员的分工。

2. 主持裁判委员会，对竞赛规则和执行进行解释。

3. 赛前及赛会期间，负责布置和检查场地、器材设备、灯光系统及音响效果等方面的工作。

4. 配合仲裁委员会处理竞赛中发生的有关裁判工作方面的重大问题。

5. 竞赛中，指挥各裁判组及赛场工作。

6. 发现运动员有违反竞赛规则行为时，有权提出警告直至取消其比赛资格。

7. 负责检查裁判员提交的“比赛记录表”和比赛结果。

8. 介绍运动员，指挥竞赛和程序。

9. 审核并宣布比赛成绩。

10. 经与仲裁委员会会商，有权撤换不称职的裁判员。

11. 大会结束，做好竞赛工作总结。

（三）副裁判长

1. 协助裁判长做好各项工作，在裁判长临时缺席时履行其职务。

2. 检查裁判评判，当发现有评判不公、偏见时，报请裁判长处理。

3. 负责处理竞赛过程中有关记录、检录及报告中所出现的问题。

（四）检录长

1. 配合记录长通知和召集运动员，负责分发“飞镖运动员基本情况调查表”。

2. 赛前 20 分钟第一次检录，赛前 5 分钟第二次检录、集合运动员并讲解有关注意事项，赛前 2 分钟第三次检录。

3. 若发现无故弃权的运动员及参赛人数临时变化，应立即向裁判长书面报告。

4. 竞赛开始和颁奖时，负责带领运动员入场。

5. 分工明确，做到各司其职。

6. 根据竞赛程序，准时集合运动员做好出场准备。

7. 比赛结束、颁奖前，及时向记录长索取获奖运动员名单，召集和带领运动员按顺序入场并示意领奖位置。

（五）检录员

1. 协助检录长做好各项工作。

2. 服从检录长的工作安排。

（六）临场裁判员

1. 临场裁判员的配置

（1）全国飞镖锦标赛和全国公开赛、大奖赛等全国性比赛的预、复赛，每个赛场应配备 2 名裁判员（其中 1 名记分裁判、1 名报分裁判），省、自治区、直辖市级比赛每个预、复赛赛场配备 2 名临场裁判员（其中 1 名记分裁判），省市以下的竞赛预、复赛至少要 1 名临场裁判员，后备裁判员的职责与临场裁判员相同。在前 16 名半决赛至决赛阶段的比赛中，每个赛场配备 1 名临场裁判员，1~2 名记分裁判员。

（2）临场裁判员应来自不同单位，在确有困难的情况下，同一单位的临场裁判员不得在同一赛场，全部比赛可配备 4~6 名后备裁判员。

2. 临场裁判员的要求

（1）临场裁判员（包括后备裁判员）都要经过裁判业务学习和考核，合格后才能担任。

（2）必须精通《飞镖竞赛规则》《裁判法》。

（3）竞赛中对运动员进行裁决。

（4）裁判员不得兼做领队、教练和运动员。

（5）在一场比赛尚未结束前，无特殊原因不得提出更换要求。

（6）不得服用带酒精的饮料，不准在裁判过程中拍照或彼此闲谈。

3. 记分裁判员

（1）记录参赛选手的姓名、号码。

（2）在记分板及表格上记录由主裁判宣布的分数，并写出剩余分数。

（3）当一场比赛结束，请运动员、临场裁判员在“竞赛记录表”内签名。

（七）记录长

1. 负责抽签、安排竞赛场次和向裁判组通报当日比赛情况。

2. 协助裁判长做好有关竞赛的准备工作，审核记录员的计算、统计和填写各种表格，处理记录工作中所发生的问题。

3. 比赛结束后，及时向大会竞赛处送交成绩表。

4. 协助竞赛处编制成绩册，负责整理各种资料和表格，送交竞赛处归档。

（八）记录员

1. 协助记录长准备各项竞赛用表，做好比赛记录工作和抽签及填写“参赛运动员登记表”。

2. 向记录长送交参加下一轮比赛的名单及表格。

3. 比赛结束后，协助记录长整理、填写和装订各项成绩汇总表格，做好归档工作。

（九）宣告员

1. 赛前向观众介绍飞镖竞赛的有关事项和知识。

2. 宣布比赛开始、结束、竞赛内容、竞赛程序及入场、退场。

3. 比赛开始后，介绍仲裁委员会成员，裁判长、副裁判长、临场裁判员及后备裁判员。

4. 在竞赛过程中抓住时机，适时介绍有关竞赛规则和一般飞镖常识，适当介绍运动员的基本情况。

八、裁判员临场位置图

（一）预赛、复赛位置

1. 预、复赛阶段比赛须用 1 名临场裁判员和 1 名记分员。

2. 临场裁判员站在镖盘右侧，靠近镖盘，在投手投镖过程中，不应移动，以免影响投手投镖（图 6-2-1）。

3. 记分员站在镖盘左侧，记分板左侧，在投手投镖过程中，不应移动。在比赛过程中在一块记分板上记录一场比赛两名选手的分数（图 6-2-1）。

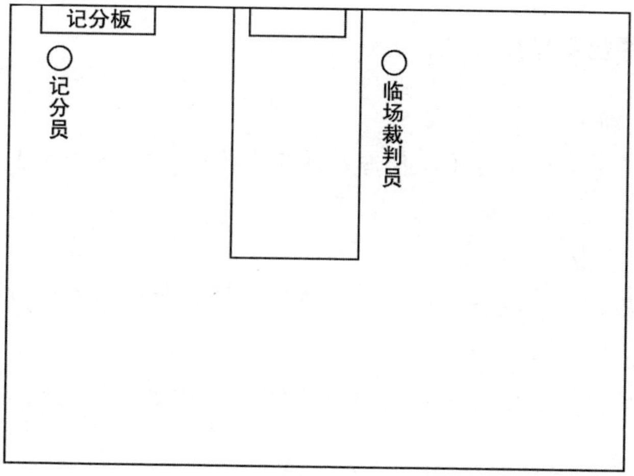

图 6-2-1

（二）决赛阶段比赛位置

1. 决赛阶段比赛须用 1 名临场裁判和 2 名记分员。

2. 临场裁判站在镖盘右侧，要求与预、复赛阶段相同（图 6-2-2）。

3. 记分员分站在镖盘左、右两块记录板左、右两侧，分别记录比赛场上两名选手的分数（图 6-2-2）。

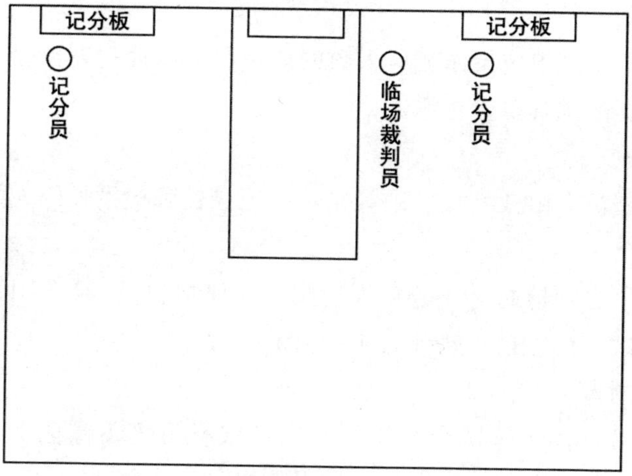

图 6-2-2

备注：软式飞镖的竞赛中记分员可不设置，临场裁判员应站在投镖线右后方（易于观察飞镖屏幕位置）。

九、仲裁委员会

（一）组成

仲裁委员会由主办单位任命 5 或 7 人组成，其中设主任 1 人，委员 4 或 6 人。

（二）资格

1. 仲裁委员会成员应来自不同单位，领队和教练不得担任仲裁委员会的工作。

2. 仲裁委员会成员必须精通《飞镖竞赛规则》《裁判法》，并有一定声誉和威望。

（三）席位设置

仲裁委员会成员席位应设在视线清楚的位置，一般为赛场前方左侧的位置。

十、裁判委员会

（一）成员指派、组成与资格

1. 指派

赛前由主办单位指派相应人数的裁判员组成裁判委员会，不足人员由承办比赛的主管单位选派。

2. 组成

裁判委员会由裁判长、副裁判长、记录长和检录长等人员组成。

3. 资格

其成员必须精通《飞镖竞赛规则》《裁判法》，经全国裁判员培训学习并考试合格，具有熟练的业务组织能力。

4. 裁判人员着装

（1）在中国飞镖协会组织的全国性或省市级飞镖比赛中，裁判人员须统一按照中国飞镖协会裁判员服装规定着装。

（2）裁判员应身着深蓝色西服，白色或浅色衬衫，深色无花领带或领结，浅色（灰色、白色）长裤（裙），黑色皮鞋，等级裁判要在胸袋上佩戴相应等级和裁判徽章。

（3）记分员、记录员应身着白色衬衫，深色无花领带或领结，深色长裤（裙），黑色皮鞋。

5. 裁判长权力

在竞赛过程中，若发现有明显违纪、不称职或违反着装规定的裁判员，裁判长或副裁判长有权当即撤换。

（二）裁判人员

1. 竞赛由裁判长、副裁判长、裁判员、记录长、记录员、检录长、检录员和宣告员等负责临场工作，为确保竞赛正常进行，竞赛委员会还要与灯光、美工、场地与医生等工作人员密切配合。

2. 裁判员必须遵守“裁判员守则”，在临场工作时不许拍照或彼此交头接耳。

3. 裁判员等级

中国飞镖协会裁判员分为国家级、一级、二级、三级。

【思考题】

1. 简述争红心的方法。

2. 什么是爆镖？

3. 什么是单牛眼和双牛眼设置？

第七章　飞镖竞赛组织工作

【名人名言】运动是健康的源泉，也是长寿的秘诀。——马约翰

【学习目标】通过本章的学习，了解飞镖运动的竞赛流程、组织工作和飞镖竞赛的编排方法，提升组织竞赛能力和管理能力。

竞赛组织工作是竞赛工作顺利进行的基本保证，其组织机构的规模大小由比赛性质决定。根据举办飞镖竞赛的目的和任务，竞赛可分为锦标赛、冠军赛、邀请赛、选拔赛、表演赛等。飞镖比赛国际赛事主要有飞镖世界杯、飞镖公开赛、职业飞镖大师挑战赛、世界锦标赛。不管举办哪种形式的飞镖比赛，也不管其规模大小和水平高低，竞赛的组织管理工作都是飞镖竞赛活动顺利进行和圆满完成的重要保证。

第一节　飞镖竞赛组织工作

飞镖竞赛的种类大体上可分为锦标赛、俱乐部比赛、选拔赛、表演赛、邀请赛、友谊赛等，无论哪种比赛都要认真做好竞赛的组织管理工作。

一、竞赛前期准备工作

（一）成立竞赛筹备组织

大型竞赛要成立相应的筹委会、组委会或竞赛委员会，讨论决定组织方案，其内容包括竞赛的名称、目的任务、组织机构（包括组织形式、工作人员名额、下设主要部门和负责人的确定）、竞赛经费预算、各阶段的工作步骤和具体实施程序。

（二）成立组织机构

根据竞赛规模的大小，设立相应的组织机构。基层或一般规模的比

赛可简化组织机构，精简工作人员。全国性或地区性的比赛一般是国家体育总局委托有关体育部门或地区体育部门筹备，由承办单位组成赛区临时机构对该次比赛进行领导。在赛区的体育部门和有关政府部门的领导下请有关部门负责同志组成大会组织委员会领导竞赛工作。基层单位或系统举行飞镖比赛，在基层或系统组织领导下，由负责体育工作的部门负责。

（三）制定竞赛规程

竞赛规程是比赛的指导性文件工作和依据，要提前发给有关单位，让参赛队做好赛前的准备工作。竞赛规程主要内容包括：竞赛名称、竞赛的目的任务、主办单位、承办单位、竞赛项目、竞赛日期和地点、参加单位、各单位参加人数、运动员资格、报名及报到日期、竞赛办法、竞赛规则、评定名次和奖励办法、抽签日期和地点、注意事项等。（参见范例 3）

（四）制订工作计划

根据组织方案、竞赛规程和竞赛的主要工作日程计划，由各部门拟订具体工作计划，经组委会批准后执行。

1. 竞赛组的主要工作：做好竞赛的编排工作并编印比赛秩序册；做好裁判员组织和学习工作；审查运动员参赛资格；绘制竞赛的表格；检查竞赛场地器材；召开领队和教练员会议，讨论有关问题。

2. 秘书组的主要工作：做好比赛的宣传报道工作；安排教练员和领队会议；成立治安小组，维持好比赛场地的秩序和安全工作；负责联系赞助商和广告业务。

3. 接待组的主要工作：做好接待、生活、住宿、交通和票务工作；备好医疗用品等。

4. 仲裁委员会的主要工作：解决竞赛中出现的重大问题。

二、竞赛期间工作

1. 坚持政治思想教育，严格赛风赛纪，团结协作，赛出风格，赛出水平。

2. 及时公布竞赛结果。

3. 组织裁判员及时总结、改进工作，加强比赛成绩的管理，提高裁判水平。

4. 做好技术资料的分析、归类和存档工作。

5. 检查场地设备器材。

6. 及时通报和处理有关问题。

三、竞赛结束工作

1. 各部门及时做好工作总结。

2. 组织好闭幕式、总结和颁奖工作。

3. 安排各队、裁判人员离会。

范例3：

2019年广东省大学生飞镖锦标赛竞赛规程

一、指导单位

广东省教育厅

二、主办单位

广东省学生体育艺术联合会、广东省飞镖运动协会

三、承办单位

广东技术师范大学

四、协办单位

广州达熹软件科技有限公司

五、比赛日期和地点

将于2019年11月23日至24日在广东技术师范大学（东校区）体育馆举行

六、参加单位

全省各普通高等学校会员单位

七、竞赛分组及项目

（一）竞赛分组：甲组、乙组、丙组。

（二）竞赛项目：

男、女子个人高分赛；男、女子个人标准米老鼠赛；男、女子个人301减分赛

（直入直出）；男、女子个人 501 减分赛（直入直出）；双人 501 减分赛（直入直出，男、女子各一人）、双人标准米老鼠赛（一男一女）、四人团体 501 赛（两男两女）。

序号	项目	甲组、乙组、丙组相同
1	男子个人高分赛	单牛（50/50）
2	女子个人高分赛	单牛（50/50）
3	男子个人标准米老鼠赛	双牛（25/50）
4	女子个人标准米老鼠赛	双牛（25/50）
5	男子个人 301 减分赛	直入直出，单牛（50/50）
6	女子个人 301 减分赛	直入直出，单牛（50/50）
7	男子个人 501 减分赛	直入直出，单牛（50/50）
8	女子个人 501 减分赛	直入直出，单牛（50/50）
9	双人 501 减分赛	直入直出，单牛（50/50）
10	双人标准米老鼠赛	双牛（25/50）
11	四人团体 501 赛	直入直出，单牛（50/50）

八、运动员参赛条件

（一）运动员基本条件

参赛运动员必须具有中华人民共和国国籍，持有中华人民共和国第二代居民身份证或香港、澳门特别行政区身份证、台湾居民居住证，并按照教育部关于全国普通高等学校统一招生考试、录取的有关规定，经考生所在地普通高等学校招生委员会（办公室）审核录取，并在“中国高等教育学生信息网”注册的普通全日制在校学生，且思想进步、文化课考试成绩合格，经医院检查证明身体健康并适宜参加所报项目比赛者。

（二）运动员注册

（1）新注册。尚未注册的运动员务必于 10 月 25 日前在广东省大学生运动员管理系统办理注册手续（网址：http://www.gdssa.com），注册时务必上传加盖学校钢印的学生证。2019 年就读大一或研一新生可以上传有运动员登记照和加盖学校公章的学籍证明，证明模板请统一在省学体艺联网站“大学体育竞赛”专栏下载（比赛时，该证明可当作学生证检录）。

（2）年度确认：如已注册但过了注册有效期的运动员，务必在比赛前进入“广东省大学生运动员管理系统”完成“年度确认”，然后再自行打印注册卡带到赛区参赛。

参赛运动员必须为1991年9月1日至2001年8月31日间出生者。

成人高等教育系列的学生以及由这类院校转入普通高等学校的学生，普通高等学校成人教育学院的学生，电大、夜大、职工大学、自修大学和进修班、干训班的学生，在职研究生以及结业生均不得参加比赛。

（三）分组及各组别条件

1. 甲组：

（1）必须符合以上“（一）运动员基本条件”。

（2）本科院校中非体育类专业的本科学生。

（3）按国家高考招生录取的有关规定，在高考中获加分的体育尖子考生，加分后总分达到其考生所在省、自治区、直辖市本科录取分数线并正式录取的学生。

（4）非体育类全日制研究生。

2. 乙组：

（1）必须符合以上“（一）运动员基本条件”。

（2）体育教育、社会体育指导与管理、运动人体科学、运动康复、休闲体育等体育类专业的专科生、本科生和研究生。

（3）运动训练、竞技体育、武术与民族传统体育专业的专科、本科生。

（4）通过体育特长生、体育特招等招生政策就读的香港、澳门及台湾学生。

3. 丙组：

（1）必须符合以上“（一）运动员基本条件”。

（2）普通高等专科学校（高等职业技术学院）中非体育类专业的学生。

运动员必须按上述“（二）分组及各组别条件”的要求报名，不得跨校、跨组别报名参赛。

九、报名规定和办法

（一）以自愿为原则。

（二）报名规定

各单位各组限报1队，每队限报领队1人，教练员2人，男子、女子各不得超过4人。每名运动员限报3项（含团体赛）。各单位各组别各单项各限报2人、2对，四人团体赛限报1个队。每名运动员限报个人项目1项，每名运动员限报双人赛项目1项，各单位各组别四人团体赛限报1个队。报名人数不足3人的项目，取消该项目比赛，提前通知报名单位，可更改报名项目。报名单位不足3个的组别，取消该组别比赛，提前通知报名单位。报名后不得更改、调整和补充。

（三）报名办法

1. 请务必统一使用在广东省学生体育艺术联合会网站“大学体育竞赛”栏目下载的报名表（网址：http://www.gdssa.com）。

2. 报名表一律电脑打印，手写报名表不予受理，且报名表务必填写运动员所在专业等信息。

3. 各参赛单位务必在11月7日16:00前，将报名表的电子版和盖章后的扫描件（或拍照），同时发邮件到baoming020@163.com（因多项赛事集中，邮件请务必统一命名：“××学校××组大学生飞镖锦标赛报名表”），发送邮件5分钟后请务必致电020-87653952予以确认。逾期不予受理。

十、竞赛办法及相关规定

（一）竞赛办法

1. 本次比赛执行《中国飞镖竞赛规则》。

2. 男子、女子高分赛：每位运动员打1局8回合高分赛，按运动员总得分进行排名，取前8名进行高分对抗单淘汰赛，如分数相同则加赛9镖高分赛。单淘汰赛采用三局两胜制直至决赛。

3. 男子、女子301减分赛：直进直出，双牛眼设置，301减分赛，15回合，单淘汰赛制，三局两胜制直至决赛。

4. 男子、女子501减分赛：直进直出，双牛眼设置，501减分赛，15回合，单淘汰赛制，三局两胜制直至决赛。

5. 男子、女子米老鼠赛：标准米老鼠，单牛眼设置，15回合，单淘汰赛制，三局两胜制直至决赛。

6. 双人501减分赛：直进直出，双牛眼设置，501减分赛，15回合，单淘汰赛制，三局两胜制直至决赛。

7. 双人米老鼠赛：标准米老鼠，单牛眼设置，15回合，单淘汰赛制，三局两胜制直至决赛。

8. 四人团体501赛：直进直出，501减分赛，双牛眼设置，15回合，单淘汰赛制，三局两胜制直至决赛。

（二）竞赛细则

1. 检录规定。赛事检录时如果选手在规定时间内三次检录未到，则判对方选手直接晋级。

2. 先后手规定。在三局两胜的比赛中，通过按飞镖机靶面双倍3区域，模拟掷硬币决定哪一方先投争红心，争红心获胜的选手先手开始比赛，后续比赛负方先手；决胜局再次模拟掷硬币，决定哪一方先投镖争红心。

3. 争红心规定。双方运动员向红心各投一镖，离红心最中心近者为胜方。如双方的镖与红心的距离相等，重新投镖争先，原镖不拔镖，争先顺序采用与前一次倒转的顺序。

4. 每场比赛前运动员允许在其专用比赛赛道练习 9 镖。

5. 在比赛过程中，当对方选手正在比赛投镖时，另一方不可在其他赛道投镖，也不可做出干扰对方投镖的动作。

6. 在比赛过程中，严禁无故拖延比赛时间。对阵双方在比赛过程中，当一方选手投镖结束并拔下飞镖按下切换按钮后，另一方选手必须在 45 秒内完成自己的回合。

7. 对不服从裁判和工作人员安排以及有严重粗鲁行为而影响比赛进行、造成不良影响的选手，视情节轻重进行处罚直至取消其比赛资格。

8. 选手投镖时应站在投镖线外投镖，严禁踩线或越线投镖。

9. 每镖分数以飞镖在靶上的位置及电脑记分为准，如飞镖击中靶面后掉在地上，则也以电脑的数据为准。若发现比赛不正常运作或计分有差异时，运动员应马上暂停比赛，不可移动任何飞镖，通知工作人员到场处理。

10. 决胜镖。决胜镖出现后，该局马上结束。电脑记分下出现决胜镖，必须以电脑读取数据为准，如决胜镖已经插在靶上而电脑没有记分或为显示正常分数，也算胜出，由大会工作人员手动调整分数。

11. 广播系统。参赛者在指定的比赛机台等候 5 分钟仍未见对手出现者，必须马上向工作人员通报。工作人员将通过广播系统提示缺席参赛者，若再过 5 分钟仍未出现比赛者，裁判员会将判缺席者为弃权。

12. 在比赛过程中，请尊重对手，严禁发生辱骂、人身攻击行为，否则取消参赛资格并移送相关部门。

13. 比赛器材。凤凰牌（VSPHOENIX）电子飞镖机。参赛队员所使用的飞镖应采用软式塑胶镖头，严禁使用硬式钢针镖头。参赛人员可自配软式飞镖，也可使用赛场提供的公用软式飞镖，经裁判员验镖方可上机使用。

14. 比赛大会有权根据实际情况调整赛程安排。

15. 比赛设裁判长及裁判仲裁委员会，执行本次比赛裁判权利及对本次比赛的最终裁决权。

十一、比赛服装

（一）运动员要着装得体。比赛时要穿有领上衣、长裤，严禁穿背心短裤或拖鞋入场，违者不得比赛。

（二）运动员一律不得留怪异发型、染发和文身，不许佩戴项链等饰物进行比赛。

（三）各队比赛服装、领奖服装如出现商业性广告、标志或文字，必须在赛前15天将加盖公章的书面申请，以扫描件（或拍照）形式发邮件到报名邮箱（因多项赛事集中，邮件标题和报名文件必须同时命名为："××学校××组大学生飞镖比赛服装广告申请"），发送邮件5分钟后请务必致电020-87653952予以确认。服装广告申请必须经主办单位同意后方能印制。

十二、录取名次、计分办法与奖励

（一）录取名次

各单项分别录取前八名。不足8人（对、队）参加，则按实际参赛人（队）数全部录取。

（二）计分方法

获得各单项前八名者，分别按9、7、6、5、4、3、2、1计分（团体赛项目加倍计分），余类推。

（三）奖励

设甲组、乙组和丙组团体总分奖，团体总分以其运动员在各项目名次得分总和累计，如遇得分相等，以获第一名多者名次列前，余类推。若得分、名次都相等时，按四人团体赛、双人赛、个人赛的名次顺序排列名次。对获得各单项前三名运动员颁发奖牌。对获得各单项前八名运动员颁发成绩证书。对获得各组别团体总分奖前八名的运动队颁发奖杯。

凡获得各组别团体总分前六名的运动队教练员，经裁判组和大会审核，评为优秀教练员。大会将按照裁判员、工作人员总数5∶1比例评选优秀裁判员、工作人员。

经大会、裁判组审核，对积极为赛事提供优质服务的单位颁发"优秀组织单位"牌匾。

（四）奖杯、牌匾、奖牌及成绩证书由组委会统一制定、颁发。

获得各单项前八名的参赛队伍，务必在团体总分颁奖仪式结束后10分钟内，委派代表统一到比赛编排记录室签领各队的奖牌及成绩证书，逾期不领取，大会不予补发。

十三、经费

（一）参赛费：各队须向大会交纳参赛费（标准：2000元/组，如学校同时参加甲组和乙组，则交纳4000元）。

（二）参赛单位自行解决含赛区食宿、交通在内的一切费用。

（三）主办单位选派的各有关人员及大会工作人员的差旅费、劳务费、食宿费、保险等有关费用由大会负责。

十四、报到事宜

（一）具体报到事宜和有关食宿信息，请于赛前一周查看省学体艺联网站的“大学体育竞赛”专栏。

（二）运动队必须于报到时上交由领队和所有运动员亲笔签名，并加盖学校公章的《自愿参赛责任及风险告知书》，没有上交《自愿参赛责任及风险告知书》的单位将不允许参赛。《自愿参赛责任及风险告知书》与报名表一并在省学体艺联网站下载。

（三）所有参赛队伍都必须在报到当天，到指定地点办理报到事宜，领取比赛秩序册等有关竞赛资料，逾期不予受理。

十五、联席会议

裁判长、领队和教练员联席会议报到当天在赛区召开。各参赛队伍必须派领队或教练员依时出席，不允许其他人员代替出席，否则将不接受该队对本次联席会议涉及内容的投诉。

十六、公示和申诉

（一）运动员在“广东省大学生运动员管理系统”通过审核后，其资料将自动予以公示，请各队伍相互查看，具体公示密码请查看“广东省大学生运动员管理系统”的“内部公告”。

（二）报名结束5天后，所有队伍报名表将在“广东省大学生运动员管理系统”的“内部公告”公示7天，请各队伍核对和相互监督。

（三）公示期间，主办单位受理各参赛单位对运动员资格的申诉；比赛期间及赛后（比赛结束24小时内）继续接受对运动员资格的申诉，但对申诉实行赛后处理。申诉时须提交由领队签字的书面申请和支撑材料（公示期间和赛后须加盖公章），同时交2000元申诉费作为调查取证经费，如胜诉则退还申诉费，败诉则不予退还。公示期间申诉如属实则取消该运动员参赛资格并不得更改、调整和补充；赛中、赛后申诉如属实则取消该运动员（队）比赛成绩、名次，其他运动员（队）所获奖名次不变。

十七、赛风赛纪

（一）为严肃赛风赛纪，体现学生体育赛事“团结、奋进、文明、育人”的宗旨，各参赛单位须按照本规程的规定对报名参赛的运动员资格认真进行审查，严格把关，杜绝弄虚作假、冒名顶替等行为发生。

（二）按照《全国学生体育竞赛纪律处罚规定》和赛会相关规定，对违反参赛资格及赛风赛纪的运动队（员）、教练员、裁判员、领队及其所在单位进行处罚，同时追加停赛1~3年，追究相关责任人及其所在单位的责任，并进行通报。

十八、退赛

报名后，如参赛单位需要全队退出比赛的，务必在赛前7天将书面退赛申请（加盖公章）发到报名邮箱，经主办单位同意后方可退赛。否则，将取消该校该项目两年的参赛资格，并予以通报。

十九、保险

（一）参赛单位必须为所有参赛人员办理“人身意外伤害保险”（含往返赛区途中及比赛期间），并将保险凭证复印件带到赛区以备查验。

（二）裁判员和主办单位工作人员保险由大会负责。

二十、检录

（一）每场比赛运动员凭注册卡、加盖学校钢印的学生证和第二代身份证原件〔港、澳、台学生须持来往内地（大陆）通行证原件〕进行检录。

（二）临时身份证和护照可以代替二代身份证原件来检录；有显示学校名称、所在院系和运动员大头照的证件可以代替盖钢印的学生证检录。

2019年入学新生，凭贴有运动员登记照和加盖学校公章的学籍证明表作为学生证来检录（学籍证明表请统一在省学体艺联网站下载）。

（三）主办单位不再发放注册卡，请各队自行在“广东省大学生运动员管理系统”导出、彩色打印，并裁剪过塑后带到赛区检录比赛。

二十一、比赛执行《全国学生体育竞赛纪律处罚规定》。

二十二、仲裁、裁判长和裁判员由主办单位统一指派，不足部分由承办单位聘请。

二十三、未尽事宜，请各代表队浏览广东省学生体育艺术联合会网站（http://www.gdssa.com）的“大学体育竞赛”栏目（如有关补充通知、报到事宜等），主办单位不再下发书面通知或电话告知。

二十四、本规程解释权属主办单位。

第二节　飞镖竞赛编排方法

一、竞赛方法介绍

（一）淘汰制

淘汰制是参加比赛的选手经过一次或两次失败后即被淘汰，获胜的选手继续比赛，一直到取得最后的胜利。这种竞赛方法，适用于比赛选手多、比赛期限短、对名次要求不甚严格的竞赛。这种竞赛方法虽然体现了“优胜劣汰”的原则，但就整体比赛而言，它出现胜负的偶然性较大，合理性相对较差。淘汰制分为单淘汰制和双淘汰制两种。

1. 单淘汰制

单淘汰制，是参加比赛的选手经过一次失败后，即被淘汰。这种竞赛方法，最终可决出冠、亚军，但不能决出其余名次。单淘汰制的编排方法如下：

根据参加比赛的选手数制定比赛轮次表，然后经各队抽签，再将各选手填入相应的表内。例如：8 个选手参加比赛，其轮次表如图 7-2-1 所示。

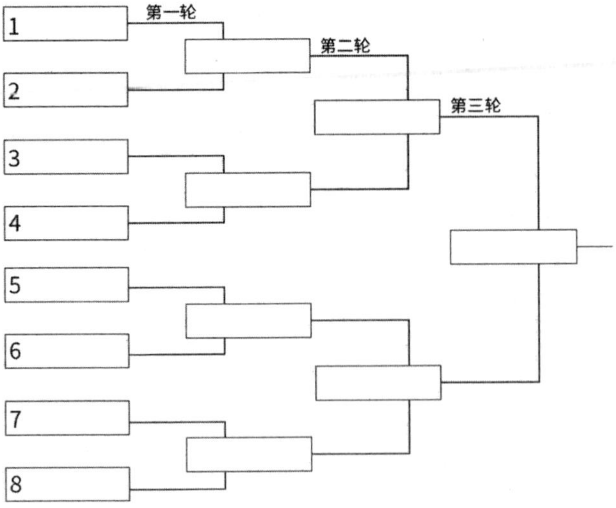

图 7-2-1　8 个队参赛的比赛顺序

第一轮获胜的选手进入第二轮，第二轮获胜的选手进入第三轮，最后决出冠、亚军。

如果参加比赛的选手数不是 2 的乘方数（4、8、16、32……），第一轮比赛中就会有一些队轮空。在编排上要使第二轮比赛的队数为 2 的乘方数。例如：11 个选手参加比赛，其轮次表如图 7-2-2 所示。

图 7-2-2　11 个队参赛的比赛顺序

从上述比赛的轮次表中不难看出，单淘汰制的比赛方法是不完全符合“公平竞争”原则的，如果两个强手在第一轮相遇，势必有一个被淘汰。为了克服这一缺陷，就应先把“种子选手”放在轮次表的适当位置。如果设两个“种子选手”，应分别排在轮次表的最上边和最下边。如果设四个“种子选手”，应分别排在两个半区的最上边和最下边。如比赛需要有轮空，则“种子选手”在第一轮中优先轮空。单淘汰制只能确定冠、亚军，如果需要确定其余名次，应进行附加赛。如将第二轮失败的两队再进行一次比赛，则胜者即为第 3 名，负者第 4 名。第一轮比赛的负队进行附加赛，可以确定第 5~8 名。

2. 双淘汰制

双淘汰制是一种竞赛形式，与普通的单淘汰制输掉一场即被淘汰不同，参赛者只有在输掉两场比赛后才丧失争夺冠军的可能。

双淘汰制的比赛一般分两个组进行，即胜者组与负者组。在第一轮比赛后，获胜者编入胜者组，失败者编入负者组继续比赛。之后的每一轮，在负者组中的失败者将被淘汰；胜者组的情况也类似，只是失败者仅被淘汰出胜者组降入负者组，只有在负者组中再次失败（总共有两次失败）后才会被淘汰出整个比赛。与普通单淘汰制类似，一般双淘汰制也有 2 的次方数（如 4、8、16）参赛者，以保证每一轮都有偶数名参赛者。

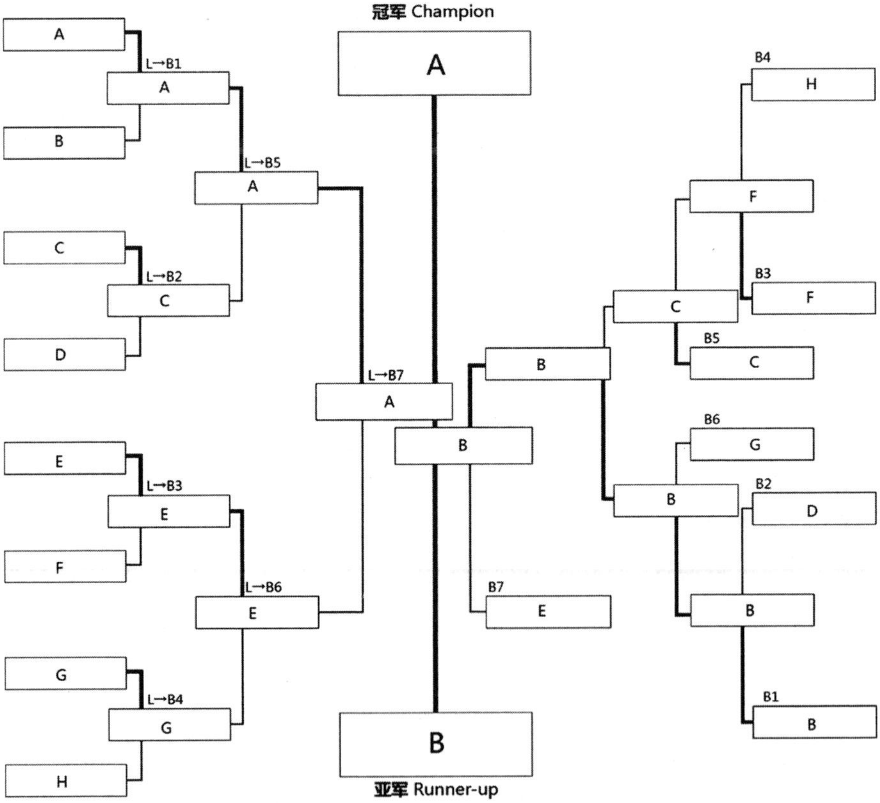

图 7-2-3

（二）循环赛制

循环赛制即在比赛中每一竞技者均与除自身外的所有参赛者轮流比赛，依据全部场次的比赛结果判定比赛名次。循环赛的名次须在整个比赛结束以后，统计各自的积分才能全部确定，所以一旦开赛就不便增减参赛者，否则就会影响各参赛者成绩的计算。这种竞赛方法比较合理、客观和公平，有利于各参赛者相互学习和交流经验。循环赛制，包括单循环、双循环和分组循环三种。

1. 单循环

单循环是所有参加比赛的选手均能相遇一次，最后按各选手在全部比赛中的积分排列名次。如果参赛者不多，而且时间和场地都有保证，通常都采用这种竞赛方法。

（1）单循环比赛轮次的计算

如果参加的选手数是偶数，则比赛轮数为队数减 1。例如：8 个队参加比赛，比赛轮数为 8-1=7 轮。如果参加的选手数是奇数，则比赛轮数等于队数。例如：5 个队参加比赛，比赛就要进行 5 轮。计算轮数的目的，在于计算比赛所需的总时间。

（2）单循环比赛场次的计算

单循环比赛场次计算的公式为：X=N(N-1)/2，即场次=队数×(队数-1)/2。例如：8 个选手参加比赛，比赛总场数=8(8-1)/2=28 场。计算场次的目的，在于计算比赛所需的镖道数量，并由此考虑裁判员的数量，以及如何编排竞赛日程表等。

（3）单循环比赛的编排

单循环比赛顺序的编排，一般采用轮转法。不论参加选手数是偶数还是奇数，都应按偶数编排。如果是奇数，可以补一个“0”号，与“0”相遇的选手就轮空一次。例如：有 8 个选手参赛的情况下，可采用的编排方法如表 8 所示。这种轮转法，适用于各队实力互不了解，故采用抽签定位的办法，很可能出现强手早期相遇。

表 8　8 个队参赛的比赛顺序（轮转法）

第一轮	第二轮	第三轮	第四轮	第五轮	第六轮	第七轮
1—2	1—3	1—4	1—5	1—6	1—7	1—8
8—3	2—4	3—5	4—6	5—7	6—8	7—2
7—4	8—5	2—6	3—7	4—8	5—2	6—3
6—5	7—6	8—7	2—8	3—2	4—3	5—4

"逆时针轮转法"，这种编排方法可使最后的比赛保持精彩，是通常采用的编排方法，如表 9 所示。

表 9　8 个队参赛的比赛顺序（逆时针轮转法）

第一轮	第二轮	第三轮	第四轮	第五轮	第六轮	第七轮
1—8	1—7	1—6	1—5	1—4	1—3	1—2
2—7	8—6	7—5	6—4	5—3	4—2	3—8
3—6	2—5	8—4	7—3	6—2	5—8	4—7
4—5	3—4	2—3	8—2	7—8	6—7	5—6

在有 5 个队参赛的情况下，可用补"0"的办法编排，如表 10 所示。

表 10　5 个队参赛的比赛顺序

第一轮	第二轮	第三轮	第四轮	第五轮
0—5	0—4	0—3	0—2	0—1
1—4	5—3	4—2	3—1	2—5
2—3	1—2	5—1	4—5	3—4

为了使最后的比赛保持精彩，通常采用的编排方法，如表 11 所示。

表 11　5 个队参赛的比赛顺序

第一轮	第二轮	第三轮	第四轮	第五轮
1—0	1—5	1—4	1—3	1—2
2—5	0—4	5—3	4—2	3—0
3—4	2—3	0—2	5—0	4—5

为了避免劳逸不均的情况，还可以把"0"号放到右边最下位置，并且保持不动。轮次表编排完后，各选手进行抽签，并按各选手抽到的号码填到轮次表里，据此再编成竞赛日程表。编排竞赛日程表，首先要贯彻机会均等、公平竞争的原则，也要适当地照顾到比赛的需要，可以从时间、镖道数量等不同的方面做出调整，达到各参赛选手大体上的平衡。编排中，要考虑到轮次中间的间隔长短，以保证运动员有足够的休息时间。

二、飞镖比赛用表

（一）32 人单淘汰赛表格

XXXXXX飞镖比赛

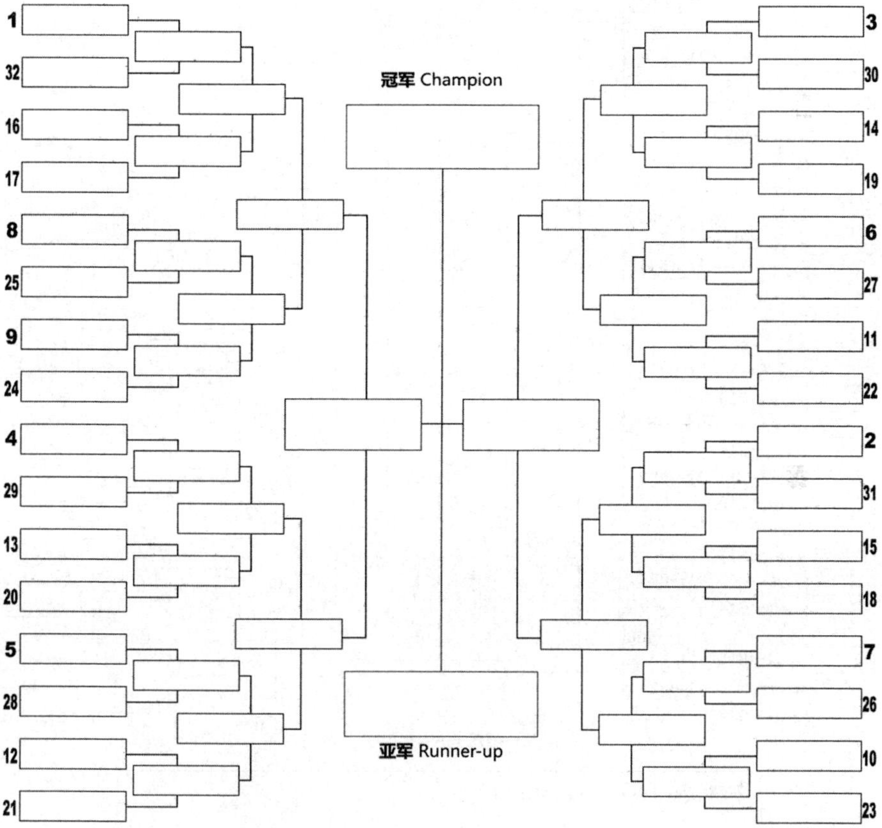

赛制 Tournament Systems：

（二）32 人双淘汰赛表格

XXXXXX飞镖比赛

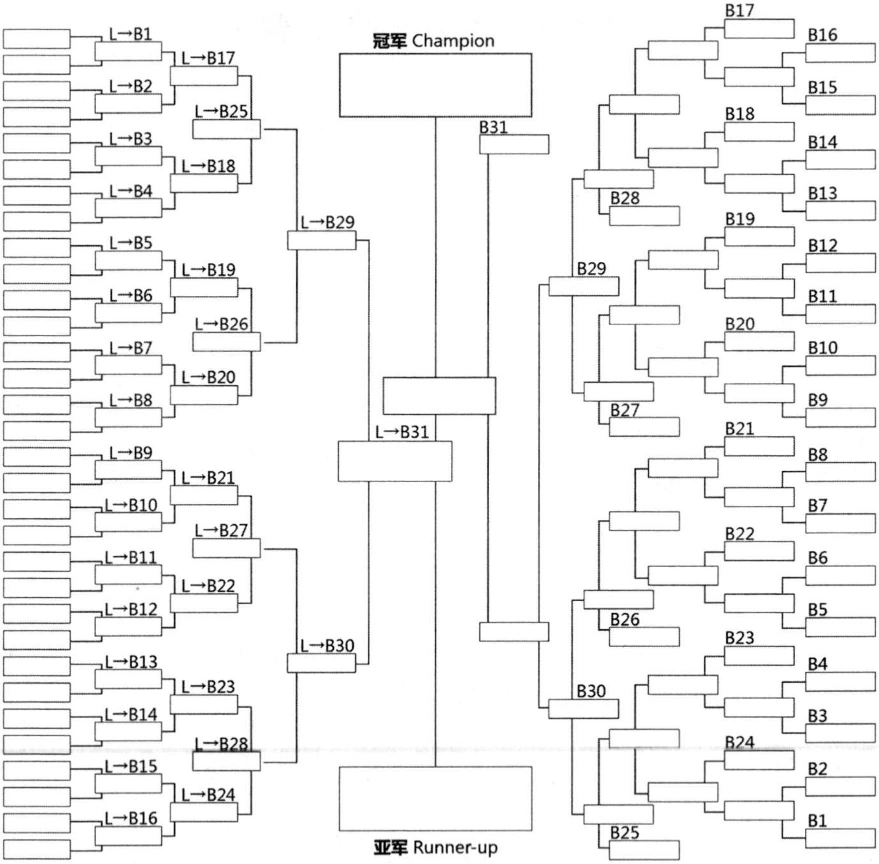

赛制 Tournament Systems：

（三）循环赛后淘汰赛表格（8 小组，16 人）

XXXXXX飞镖比赛

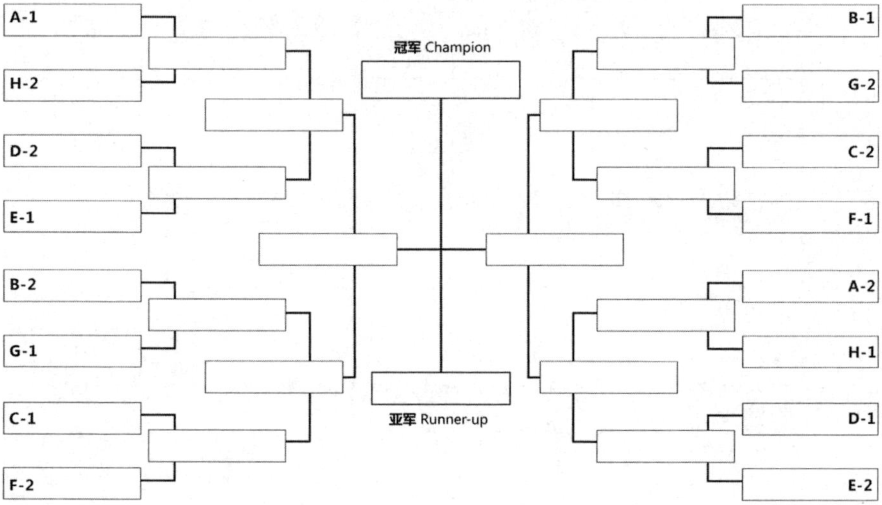

（四）8 人交叉淘汰对战表

XXXXXX飞镖比赛

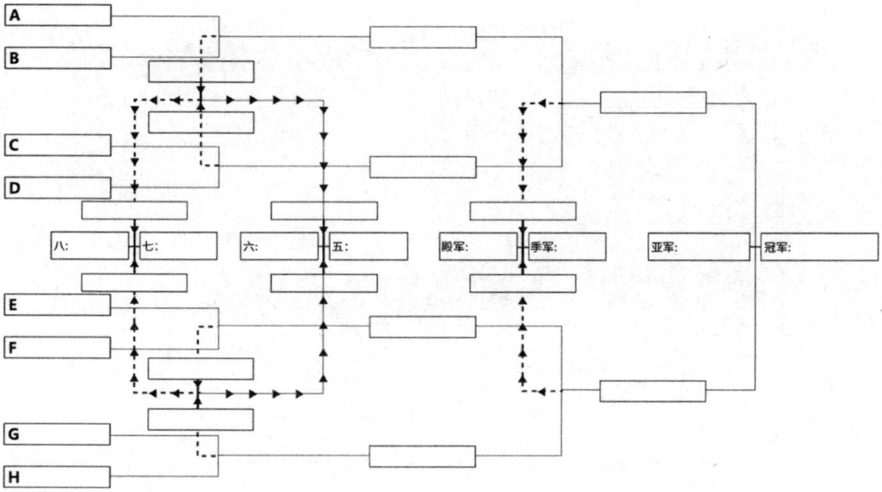

（五）小组循环赛比赛表格

XXXXXXXXXXXXXXXX飞镖大赛

个人混合公开赛 501+标准米老鼠+自选（501，单牛，单开/大师收）　　【 组】

序号 NO.	选手姓名 Player Name	1.	2.	3.	4.	胜场 Win Set	胜局 Win Leg	败局 Lose Leg	排名 Rating
1			(-)	(-)	(-)				
2		(-)		(-)	(-)				
3		(-)	(-)		(-)				
4		(-)	(-)	(-)					

比赛顺序 Match Order	
1	1 vs 2
2	3 vs 4
3	1 vs 3
4	2 vs 4
5	1 vs 4
6	2 vs 3

	选手姓名 Player Name	第一场 1 Match			第二场 2 Match			第三场 3 Match			签名 Signature
		Leg 1	Leg 2	Leg 3	Leg 1	Leg 2	Leg 3	Leg 1	Leg 2	Leg 3	
1											
2											
3											
4											

赛事规则：

1. 每场比赛开始由掷硬币顺序争红心决定第一盘先手。第二盘为第一盘负方先手，决胜盘为上盘负方先争红心抢先。
2. 通过机器感应计算获得分数。
3. 名次判断依次为：胜场数—胜局数—败局数—胜负关系，如都一样，则进行高分赛。
4. 501为单牛，单倍开镖，大师结镖。

组别 Group		机器号 Machine No.	

范例 4：

请在上方标注O或者X，并在下方写明比分。
如有玩家连赢2局，比赛结束，第3局不用进行。

不同级别的比赛内容可能不同，请确认你的级别和比赛内容。

XXXXXXXXXXXXXXXX飞镖大赛

个人混合公开赛 501+标准米老鼠+自选（501，单牛，单开/大师收）　　【A组】

序号 NO.	选手姓名 Player Name	1.	2.	3.	4.	胜场 Win Set	胜局 Win Leg	败局 Lose Leg	排名 Rating
1	张三		o (2-0)	x (1-2)	o (2-1)	2	5	3	1
2	李四	x (0-2)		x (1-2)	o (2-1)	1	3	5	4
3	王五	o (2-1)	o (2-1)		x (1-2)	2	5	4	2
4	林六	x (1-2)	x (1-2)	o (2-1)		1	4	5	3

比赛顺序 Match Order	
1	1 vs 2
2	3 vs 4
3	1 vs 3
4	2 vs 4
5	1 vs 4
6	2 vs 3

请根据编号来进行比赛。

在比赛开赛10分钟内，没有出现到指定比赛机器，大会有权判定选手为负。

填写每一局的级别(只填写整数部分），大会仅统计整数部分

	选手姓名 Player Name	第一场 1 Match			第二场 2 Match			第三场 3 Match			签名 Signature
		Leg 1	Leg 2	Leg 3	Leg 1	Leg 2	Leg 3	Leg 1	Leg 2	Leg 3	
1	张三	14	14		15	11	11	16	12	14	张三
2	李四	12	12		14	12	12	14	13	13	李四
3	王五	8	13	12	15	14	14	15	12	14	王五
4	林六	12	11	13	14	14	14	13	13	14	林六

赛事规则：

1. 每场比赛开始由掷硬币顺序争红心决定第一盘先手。第二盘为第一盘负方先手，决胜盘为上盘负方先争红心抢先。
2. 通过机器感应计算获得分数。
3. 名次判断依次为：胜场数—胜局数—败局数—胜负关系，如都一样，则进行高分赛。
4. 501为单牛，单倍开镖，大师结镖。

组别 Group	2	机器号 Machine No.	2

三、裁判组竞赛所需用品

（一）临场裁判组

1. 软式飞镖：工作夹、圆珠笔、笔记本、麦克风。

2. 硬式飞镖要增加记分板、白板笔、板擦、硬币。

（二）记录处

1. 软式飞镖：各种表格、水笔、多色笔、白纸、绘画纸、电脑、签号、文件袋。

2. 硬式飞镖要增加丁字尺、直尺、曲别针、胶带、裁纸刀、橡皮、广告色、赛号牌及别针、大头钉。

（三）检录处

便携式扩音器、工作夹、圆珠笔、铅笔、白板、白板笔、板擦。

（四）报告员

纸、笔、笔记本、麦克风。

（五）其他

裁判长指挥用的麦克风、对讲机，各组照明台灯。有条件的地方可设场内电话。

【思考题】

1. 简述飞镖竞赛规程包含的主要内容。

2. 简单分析淘汰赛制与循环赛制的利与弊。

第八章　飞镖教学训练文件

【名人名言】夫完全人格，首在体育。——蔡元培

【学习目标】通过学习飞镖教学、训练文件的制定，基本了解和掌握飞镖教学训练文件的结构与内容，熟练掌握飞镖教学训练教学文件制定的步骤与方法，并能熟练灵活地运用。

第一节　飞镖教学文件制定

教学文件是教学工作的各种计划，包括教学大纲、教学进度和课时计划（教案）。它是在长期教学实践中总结出来的宝贵经验，是教学工作的主要依据。正确制定和执行各种教学文件是全面完成教学任务的前提，也是顺利进行教学工作的根本保证。

一、飞镖教学大纲的制定

教学大纲是教师教学工作的主要指导性文件，它是根据教学计划中所规定的培养目标、教学目的任务和基本要求以及规定的总时数，以纲要的形式列出该门课程的教学内容、顺序、分量、形式和主要措施。

教学大纲是国家对该门课程提出统一要求的法定性文件，是检查教学质量的统一标准。教学大纲一般是由国家统一制定和颁发的，但有的也可以由学校自己制定。

（一）制定教学大纲的基本要求

1. 从实际出发，落实教学计划所规定的培养目标和要求，并提出明确的教学目的任务。

2. 根据飞镖运动的特点，确定本课程的任务、时数、教材内容，突出基本理论、基本技术和基本技能的教学。

3. 要注意教学内容的科学性、系统性和先进性。

4. 合理分配时数，要保证理论与实践的合理比例。

5. 考核内容应以基本理论、基本技术与基本技能为重点。考核方法应能全面、客观地反映学生的理论、技术与技能的真实水平，评分办法力求科学。

（二）教学大纲的结构与内容

1. 教学大纲的结构

一般由三部分组成，即说明、正文和附录。

（1）说明。在说明中简要阐明本大纲的使用范围和对象、制定大纲的指导思想和原则、使用时应注意的问题。

（2）正文。在正文中要阐明飞镖课程的教学目的任务、教材编选的原则，组织教法的形式、方法和要求，教学内容的细目提要与基本要求、时数分配与各部分的比重，完成教学任务的主要措施，考核内容与方法。

（3）附录。附录部分则列举各种教学参考书和资料。其中要列出主要的参考文献名称、题目、作者、出版单位名称与机构、出版日期。

2. 教学大纲的主要内容

教学大纲的主要内容包括教学目标、教学时数分配、教学基本内容、考核办法、教学基本条件和教学参考书目。

（1）教学目标

教学目标是指教育目标、知识和能力目标。教育目标指结合飞镖运动的特点，对学生进行安全思想教育，培养学生坚韧毅力、顽强斗志和团队合作的品质和作风。知识和能力目标指使学生掌握飞镖运动的基本理论知识、基本技术和基本技能，培养学生具有参与从事飞镖运动活动的能力。

（2）教学时数分配

教学总时数是由国家教育行政部门颁发的课程方案确定的。飞镖具体教学内容的时数分配应根据具体情况确定，分配要突出重点，保证主要教学内容有足够的时数，使知识和能力培养所分配的时数形成合理的比例关系。

（3）教学基本内容

飞镖课的教学内容在教育部下达的有关文件中已有明确的规定。根据飞镖运动的发展和教育对象的特点，可以适当介绍一些新的技术、策略和教学训练方法等。

（4）考核办法

考核内容应包括理论知识、技术和技能。技术和技能的考核项目、办法和评分标准应在大纲中详细规定。总成绩的评定应根据学生在学习过程中的思想品德、学习态度、基本理论知识、基本技术和基本技能，以及平时考核的情况综合评分。

（5）教学基本条件

为了保证飞镖教学活动的正常进行，必须配备具有飞镖专门知识、技能和教学能力的教师。具备教学的基本物质条件，如飞镖、镖靶、镖道等场地器材的数量和规格及比赛的设施用品等。

（6）教学参考书目

教师应以飞镖教材为基础，不断扩大知识范围，选择权威的、先进的飞镖书籍或其他书籍参考，这对丰富教学内容、提高教学质量是必要的。

（三）制定教学大纲的注意事项

1. 充分体现飞镖项目的特点，准确提出飞镖课程总的教学目标和任务。

2. 根据课程教学目标，精选教材内容，把主要的、基础的、先进的知识内容列入教学大纲，并注意教材内容的科学性、实用性、完整性、系统性、可操作性。根据对象及教学目标选择最实用的技术内容，所选内容还应该涉及认知、技能、情感和提高身体素质等多个领域。教学内容要有低层次有高层次、有简单有复杂，跨年度的教学大纲要考虑不同年级教学内容的衔接以及螺旋上升。安排的教学内容应该全面、具体、明确，主次分明，使其具有可操作性，便于落实。

3. 合理地分配教学时数，根据教学内容的重要性及其难易程度分配学时，注意理论与实践、知识与技能的适当比例，确保教学任务的完成。

4. 重视考核内容、方法及评定标准的设计，使考核结果能够有效地衡量学生的学习水平，同时成为指导学生学习飞镖运动的有效指挥棒。考核应全面反映学生的学习效果。

（四）飞镖教学大纲的实例

“飞镖”课程教学大纲

Darts Introduction

课程代码：ty200120

课程性质：公共基础课（必修）

适用专业：全校本科学生

总学分数：1

总学时数：32

修订年月：2019 年 12 月

编写年月：2019 年 12 月

执　　笔：唐新发

课程简介（中文）：

飞镖运动起源于 15 世纪的英格兰。作为一项新兴的运动，它在 21 世纪有了很大的普及、提高和发展。国家体育总局于 1999 年 5 月将飞镖运动列为我国第 95 个正式体育项目，至 2004 年已举行了多届全国公开赛，但与世界飞镖发展水平还有很大差距。由于飞镖运动器材较简单，不受年龄、性别、身体、场地、气候等条件限制，又是融身体、心智于一体的运动，集趣味性、对抗性、娱乐性于一身，是一项很好的休闲运动。

课程简介（英文）：

The darts movement originated in England in fifteenth Century. As a new sport, it has been greatly developed, popularized and improved in twenty-first Century. The State General Administration of sport in May 1999 set the sport of darts as the ninety-fifth official sports in China. From 1999 to 2004, it has held several national open games, but there is still a big gap between the dart sport and the world dart development level. Because dart sports equipment is relatively simple, and is not limited by age, sex, body, site, climate and other conditions, but it is also a combination of body and mind movement. It's fun, antagonistic and entertaining. It's a good leisure sport.

一、课程目的

通过飞镖课程的学习，使学生了解飞镖的起源与发展现状；掌握投掷飞镖的基本技术；通过各种不同种类的计分比赛，实际了解飞镖竞赛规则与裁判法；学习飞镖竞赛礼仪；培养休闲运动的兴趣与爱好；提高社会交往能力，为进入社会打下基础。

二、课程教学内容及学时分配（总 32 学时，理论 3 学时）

<table>
<tr><th colspan="2">项目</th><th>时数</th><th>小计</th><th>百分比</th></tr>
<tr><td rowspan="2">理论部分</td><td>基础体育理论</td><td>1</td><td rowspan="2">3</td><td rowspan="2">9.4%</td></tr>
<tr><td>专项理论</td><td>2</td></tr>
<tr><td rowspan="6">实践部分</td><td>技术部分</td><td>15</td><td rowspan="6">29</td><td rowspan="6">90.6%</td></tr>
<tr><td>拆分技巧</td><td>2</td></tr>
<tr><td>一般身体素质练习</td><td>3</td></tr>
<tr><td>专项身体素质练习</td><td>3</td></tr>
<tr><td>考核（身体素质测试、专项技术考试）</td><td>4</td></tr>
<tr><td>机动</td><td>2</td></tr>
<tr><td colspan="2">合计</td><td>32</td><td>32</td><td>100%</td></tr>
</table>

三、课程教学的基本要求

（一）目的

本课程是公共基础课，通过学习本课程要使学生达到以下目的：

1. 增强学生体质，提高学生对体育的认识，提升体育活动能力，进行思想品德教育，使学生德、智、体全面发展，提高学生的体能和环境的适应能力，促进其身心全面发展。

2. 使学生掌握体育素养的基本理论知识，掌握飞镖的基本技术、拆分技巧和比赛的主要规则与裁判法，建立正确的体育观念，掌握科学锻炼身体的基本知识、技能和方法，培养锻炼身体的良好习惯。

3. 培养学生坚韧不拔的意志品质，树立良好的体育道德观，结合飞镖教学特点，培养学生尊重对手、团结协作、开拓创新的精神。

（二）教学要求

1. 在教学中教师要以身作则，以身代教，做到既教书又育人。严格要求学生，完成教学中的各项要求。培养学生的优良品质，达到身心全面发展。

2. 根据飞镖运动的规律，学生的具体情况，选用学生容易掌握的技术，对难度较大的技术和拆分技巧，采用循序渐进、区别对待的方式教学，使学生在教师传授和练习中，均得到不同程度的提高。

3. 加强飞镖礼仪教育，营造尊重对手、增进交流、享受运动的氛围，在实战中学习掌握飞镖的技术、拆分技巧以及裁判法和规则，提升学生的心智能力，提高学生身体素质水平。

（三）考试形式及内容要求

1. 专项技术考试：50%

软式飞镖高分赛考核评判参考		
考核成绩	高分数成绩	参考凤凰飞镖等级评判
60 分	375～390	C6
65 分	391～405	C6
70 分	406～420	C7
75 分	421～435	C7
80 分	436～450	B8
85 分	451～466	B8
90 分	467～482	B9
95 分	483～497	B9
100 分	498～528	B10
赛制：高分数，打 3 局，最终成绩取最高分局。		

2. 身体素质：20%

按《大学生体育合格标准》要求执行，男生测试 1000 米，女生测试 800 米。评分标准见《大学生体育合格标准》中的 1000 米、800 米的评分，上课的大一学生对应标准中的大一、大二学生；上课的大二学生对应标准中的大三、大四学生。

（1）男生1000米评分标准

分数	成绩（大一）	成绩（大二）	分数	成绩（大一）	成绩（大二）
100	3′17″	3′15″	68	4′12″	4′10″
95	3′22″	3′20″	66	4′17″	4′15″
90	3′27″	3′25″	64	4′22″	4′20″
85	3′34″	3′32″	62	4′27″	4′25″
80	3′42″	3′40″	60	4′32″	4′30″
78	3′47″	3′45″	50	4′52″	4′50″
76	3′52″	3′50″	40	5′12″	5′10″
74	3′57″	3′55″	30	5′32″	5′30″
72	4′02″	4′00″	20	5′52″	5′50″
70	4′07″	4′05″	10	6′12″	6′10″

（2）女生800米评分标准

分数	成绩（大一）	成绩（大二）	分数	成绩（大一）	成绩（大二）
100	3′18″	3′16″	68	4′14″	4′12″
95	3′24″	3′22″	66	4′19″	4′17″
90	3′30″	3′28″	64	4′24″	4′22″
85	3′37″	3′35″	62	4′29″	4′27″
80	3′44″	3′42″	60	4′34″	4′32″
78	3′49″	3′47″	50	4′44″	4′42″
76	3′54″	3′52″	40	4′54″	4′52″
74	3′59″	3′57″	30	5′04″	5′02″
72	4′04″	4′02″	20	5′14″	5′12″
70	4′09″	4′07″	10	5′24″	5′22″

3. 平时成绩：30%

学习态度和考勤。

四、本课程与其他课程的联系与分工

本课程是大学体育课中的一门必修选项课，协同其他大学体育课程，共同培养德智体全面发展的合格人才。

五、建议教材及教学参考书

［1］尹斌，《飞镖》，成都时代出版社，2013 年版。

［2］田麦久、蔡睿，阳光少年运动体能系列：《飞镖与射箭运动》，江苏科学技术出版社，2013 年版。

［3］中国飞镖协会审定，《中国飞镖竞赛规则与裁判法》，人民体育出版社，2007 年版。

二、飞镖教学进度的制定

教学进度是根据教学大纲的任务、内容和时数分配，具体落实每次课教学内容的安排。教学进度的安排是否科学，在很大程度上影响着教学的效果和任务完成的质量。

（一）制定教学进度的基本要求

1. 全面安排，重点突出。根据飞镖运动的特点，为了使学生对飞镖运动有一个系统的、完整的概念，必须全面安排大纲所规定的教材内容，但在时数分配、出现次数上，要从学习目标的实际需要出发，突出重点，加强基本理论、基本技术和拆分技巧的教学。

2. 循序渐进，合理搭配。制定进度时，既要考虑基本技术，又要考虑拆分技巧，在比赛条件下掌握技术和拆分技巧，提高技术、拆分技巧的运用能力和应变能力。因此在安排教学进度时，既要由易到难，循序渐进，注意系统性，又要纵横交错，合理搭配。

3. 有的放矢，有机结合。本着理论联系实际、理论指导实践的原则，根据不同阶段的任务与要求，有的放矢地安排理论课、实践课，把传授知识、掌握技术与能力培养有机地结合起来进行。

4. 内容适度，量力而为。每堂课的教材分量要适当，不可过多，也不能太少，一般以一两个新教材、一个复习教材为宜。

5. 着眼实践，内外结合。例如组织竞赛、裁判能力与教学训练能力的培养与考核，就要把课堂教学与课外作业和校内外的竞赛活动结合起来，把课内教学实习和校内外教育实习结合起来。

（二）制定教学进度时的注意事项

1. 制定教学进度既要考虑飞镖技术自身的教学顺序，又要考虑技术之间关系，还要考虑教学的重点和难点。

2. 技术内容安排由多到少，主要教材要早出现，让学生有充分的时间学习和掌握，为学习拆分技巧奠定基础。

3. 进度的安排既要主次分明，互相搭配，又要将新教材与复习教材密切结合，技术学习与拆分技巧结合，理论与相关技术实践结合。

4. 进度的安排要突出重点教材，其授课时数要多，以确保学生真正掌握。次要教材适当安排，介绍性教材根据教学对象的实际水平由教师选择性安排，或在实践课中安排，又或在理论课中以观看录像的形式进行。计算出各项教学内容在该学期出现的次数，按主要教材内容出现的课次，系统地安排到每堂课中去。将其他教学内容，按课次系统地搭配到每堂课中去。

5. 每堂课一般安排一个新教材、一个复习教材为宜，最多不超过三个教材。安排一个重点教材、一个次要教材或介绍性教材、一到两个复习教材。确保内容明确，便于备课。

6. 每堂课教材内容的安排要考虑学生的学习负担和身体承受能力。要注意不同难易程度教学内容的互相搭配。

7. 要确保各项教学内容的合理排列方式。根据教材内容的特点、季节气候、场地设备以及学生基础和全面教育的需要而定。

（三）飞镖教学进度表的实例

××××大学本科教学进度表

2020—2021 学年第 1 学期 **共 3 页，第 1 页**

专　　业		班　级		学生人数	
课程名称	飞镖	总学时	32（其中讲　　实验　　上机）		
考核方式	随堂□　听课□　闭卷□　开卷□　其他＿＿＿＿＿ 平时成绩占 30%（其中：作业占　%，课堂纪律占　%，其他占　%）；实验占 20%；考试成绩占 50%。				

续上表

共 3 页，第 2 页

周次	星期	节次	讲授章、节及内容	学时分配			作业数量及答疑安排	备注
				讲课	实验	上机		
一		2	1. 飞镖起源与发展					
			2. 飞镖的种类					
			3. 飞镖礼仪					
			4. 考核内容与标准					
二		2	1. 飞镖的结构与握镖的动作要领					
			2. 站立姿势的动作要领					
			3. 身体素质练习					
三		2	1. 投镖的动作要领					
			2. 投掷过程：瞄准、后移、加速、释放、随势动作					
			3. 身体素质练习					
四		2	1. 镖靶的构造					
			2. 飞镖投掷：投掷 1~20 分值区域，了解镖盘					
			3. 身体素质练习					
五		2	1. 飞镖投掷：投掷圆心					
			2. 高分赛：投八轮，最高分胜					
			3. 身体素质练习					
六		2	1. 飞镖投掷：投掷“20”分值区					
			2. 高分赛：投八轮，最高分胜					
			3. 身体素质练习					
七		2	1. 飞镖投掷：投掷“19”分值区					
			2. “301”比赛：单开单收					
			3. 身体素质练习					
八		2	1. 飞镖投掷：投掷“18”分值区					
			2. “301”比赛：单开双收					
			3. 身体素质练习					
九		2	1. 飞镖投掷：投掷“17”分值区					
			2. “501”比赛：单开单收					
			3. 身体素质练习					

续上表 共 3 页，第 3 页

周次	星期	节次	讲授章、节及内容	学时分配			作业数量及答疑安排	备注
				讲课	实验	上机		
十		2	1. 飞镖投掷：投掷“16”分值区					
			2. “501”比赛：单开双收					
			3. 身体素质练习					
十一		2	1. 飞镖投掷：投掷“15”分值区					
			2. “米老鼠”比赛的演示					
			3. 身体素质练习					
十二		2	1. 飞镖投掷：投掷“14”分值区					
			2. “米老鼠”比赛					
			3. 身体素质练习					
十三		2	1. 飞镖竞赛方法及裁判法					
			2. 身体素质练习					
十四		2	1. 高分赛（复习）					
			2. 身体素质练习					
十五		2	1. 专项技术考试					
			2. 高分赛					
			赛制：打 3 局，最终成绩取最高分局					
十六		2	1. 专项技术考试					
			2. 高分赛					
			赛制：打 3 局，最终成绩取最高分局					

说明：

1. 本表由主讲教师按《××××××本科教学进度表的编制及管理规定》编写，经基层教学单位教学负责人审核，教师所在学院教学主管审核批准执行；

2. 若不在学校安排的地点授课，须在备注栏写明上课地点；

3. 本表须在每学期开学后第 1 周内送交基层教学单位审核，第 2 周内学院审核，第 3 周内交学生所在学院 2 份和发给学生班 1 份。

主讲教师签名： 填写日期： 2020 年 9 月 1 日

基层教学单位教学负责人签章： 审核日期： 年 月 日

学院教学主管签章： 审核日期： 年 月 日

三、飞镖课教案的编写

教案即课时计划，是教师根据教学进度编制而成的。科学地编写每堂课的教案对全面完成大纲所规定的教学任务具有重要意义。教案不仅是教师上课的依据，而且对积累资料、总结经验、提高对教学规律的认识具有重要意义。另外，教案还是检查、考核教师的工作态度、业务水平的具体内容之一。

（一）编写教案的基本要求

教案是教师保证课堂教学质量的前提和关键，任课教师必须根据教学大纲认真备好每一堂课，按教学教案规范要求编写教案，具体要求如下：

1. 熟悉教学大纲。明确教学大纲的基本要求，了解飞镖课程教学内容的安排和考核项目的设计。

2. 熟悉教材。认真深入钻研飞镖教材，掌握飞镖教材的全部内容、教学目的和各章节的内在联系。明确教学要求、重点、难点，抓住基本理论、基本知识和基本技术，把教材的思想性、科学性和系统性融合在一起。

3. 了解学生。认真全面了解学生的飞镖基础，根据教学内容和学生实际情况，有针对性地选择教学方法，做到备书、备人、备教法。

4. 组织教法。根据飞镖的特点，结合学生的具体情况和学校设备条件来组织教学，构思整个教学过程。教材的组织是多种多样的，同一教材可以有不同的组织结构。但不论是哪一种结构都必须围绕中心内容，根据教材的内在联系，确定讲解的层次和步骤。在选择教法上，还必须充分重视考虑如何集中学生的注意力、启发学生的积极思维。

5. 设计教学程序及时间安排。编写教案前应充分考虑：如何复习旧知识引入新课题；新授课的内容如何展开；强调哪些重点内容；如何讲解难点；最后的巩固小结应如何进行；各部分所用的时间。

（二）编写教案的步骤

1. 教学目标。说明本课所要完成的教学任务，也指教师在教学中所要达到的最终效果。教师只有明确了教学目的，才能使“教”有的放矢，使“学”有迹可寻。教学目的在教案中要明确、具体、简练，一般应包括知识、技能和情感等方面。

2. 教学方法。它是指说明本次课拟使用的教学方法。教学方法虽然多种多样，但每节课的教学方法必须依据教学内容和学生的接受能力来确定。教师的教学艺术如何，很重要的是看其教学方法的运用是否巧妙得当。

3. 教学重点和难点。它是整个教学的核心，是完成教学任务的关键所在。重点突出，难点明确，有利于学生掌握教学总体思路，便于学生配合教师完成教学任务。（1）教学重点是指本课所必须解决的关键性问题，即关键性的知识，学生理解了它，其他问题就可迎刃而解。（2）教学难点是指学习本课时易产生困难和障碍的知识点，所谓难点是相对的，是指学生常常容易误解和不容易理解的部分。不同水平的学生有不同的难点。

4. 教学过程（开始部分、准备部分、基本部分和结束部分）。教学过程也称教学步骤或教学程序，即用于指导和规范教师课堂活动的步骤。只有安排好教学过程，教师才能在课堂上有条不紊和圆满地完成每一个教学环节。教学内容是课堂教学的核心，因为备课的其他环节都是为它服务的。写教案时，必须将教学内容分步骤分层次地写清楚，必要时还应在每一部分内容后注明所需的时间。这样，可以使所讲授的内容按预计时间稳步进行，不至于出现前松后紧或前紧后松的局面。

5. 场地器材。飞镖、镖靶、镖道的数量应结合学生的数量和教学的内容进行增减和摆放。

6. 课堂小结。一个好的教案应有始有终。小结既是课堂教学的结束，又是强化教学重点和理解教学难点必不可少的环节，可以起到画龙点睛的作用。可以说明教学计划的执行情况、效果如何、有什么经验教训、原因是什么、应如何改进。

（四）飞镖教案的实例

实例一：飞镖理论课教案

××××大学 2020—2021 年度第 1 学期飞镖选项课教案

（共 2 页，第 1 页）

授课教师	×××	**所属部门**	体育部	**授课班级**	全校学生	**授课人数**	45 人
授课日期	×年×月×日	**授课地点**	飞镖室	**授课课次**	1	**授课时长**	80 分钟
授课内容	1. 飞镖课程的教学内容和考试方法 2. 飞镖的起源与发展 3. 飞镖的礼仪与价值 4. 欣赏 501 比赛						
教学目标	1. 讲解本课程的教学内容、考试方法，提高学生的积极性和自觉性 2. 让学生了解飞镖运动的起源与发展；让学生熟悉飞镖的相关元素（场地与器材）；让学生懂得飞镖的礼仪和价值 3. 通过欣赏 501 赛，让学生体会飞镖运动的观赏性和趣味性 4. 对学生进行分组，安排学生进行投掷红心练习，初步了解学生飞镖基础水平 5. 加强学生安全思想教育						

课的部分	**时间**	**课的内容**	**练习时间**		**组织教法**
			次数	**时间**	
开始部分	10′	一、集合整队，清点人数 二、教师自我介绍 三、宣布本次课内容 四、讲述飞镖课程要求 考勤要求；服装要求；课堂要求		5′ 5′	▼ ○○○○○○○○ ○○○○○○○○

续上表　　(共 2 页，第 2 页)

<table>
<tr><th rowspan="2">课的部分</th><th rowspan="2">时间</th><th rowspan="2">课的内容</th><th colspan="2">练习时间</th><th rowspan="2">组织教法</th></tr>
<tr><th>次数</th><th>时间</th></tr>
<tr><td rowspan="9">基本部分</td><td rowspan="9">65′</td><td>一、飞镖选修课教学内容及考核方法标准
1. 教学目标：掌握飞镖的基本技术
2. 教学内容：
（1）理论部分：基础理论及裁判法
（2）实践部分：基本技术、基本战术、实战练习
3. 考核方法、内容及成绩比例
平时成绩 30%，app 跑步 20%，高分赛 50%</td><td></td><td>15′</td><td>▼
○○○○○○○○○
○○○○○○○○○
○○○○○○○○○
分组要求：3 人 1 组，3 人共用 1 个镖靶</td></tr>
<tr><td>二、飞镖运动理论
1. 飞镖运动的起源与发展</td><td></td><td>7′</td><td>中国飞镖的发展</td></tr>
<tr><td>2. 飞镖运动的相关元素</td><td></td><td>7′</td><td>飞镖；镖盘；镖道</td></tr>
<tr><td>3. 飞镖运动的礼仪</td><td></td><td>6′</td><td>注意安全</td></tr>
<tr><td>三、飞镖竞赛欣赏</td><td></td><td>5′</td><td>欣赏 501 赛</td></tr>
<tr><td>四、投镖练习
1. 站姿练习</td><td>10 秒×4~5</td><td>7′</td><td>1. 站姿练习：侧身站立，转头看镖盘</td></tr>
<tr><td>2. 投掷臂模仿练习</td><td>4 秒×8 次</td><td>6′</td><td>2. 投掷臂的模仿练习：侧身站立，举起投掷手，向镖盘伸出，手掌与地面垂直，模仿捏镖，屈肘，将手部引至鼻尖下再放下</td></tr>
<tr><td>3. 投红心练习</td><td>3 镖为 1 组×6~8</td><td>12′</td><td>3. 投红心：向前发力时，使镖尖稍微朝上，理解抛物线，以投掷结束时肘关节是否伸直来判断飞镖的速度</td></tr>
<tr style="display:none"><td></td><td></td><td></td><td></td></tr>
<tr><td>结束部分</td><td>5′</td><td>一、集合整队，小结本课情况
二、整理放松
三、收还飞镖，关闭开关
四、师生再见</td><td></td><td>5′</td><td>▼
○○○○○○○○○
○○○○○○○○○</td></tr>
<tr><td>场地器材</td><td colspan="5">镖靶 15 个，镖道 15 条，飞镖若干支</td></tr>
<tr><td>本课小结</td><td colspan="5">学生对飞镖运动有一种新鲜感，绝大多数学生对飞镖是“零基础”。教学中应注意因材施教、循序渐进</td></tr>
</table>

实例二：飞镖实践课教案

××××大学 2020—2021 年度第 1 学期飞镖选项课教案

（共 2 页，第 1 页）

授课教师	×××	所属部门	体育部	授课班级	全校学生	授课人数	45 人
授课日期	×年×月×日	授课地点	飞镖室	授课课次	6	授课时长	80 分钟
授课内容	1. 飞镖落点练习 2. 301 比赛 3. 身体素质练习						
教学目标	1. 通过投掷镖靶圆心的落点练习，让学生体会投掷圆心的力度和弧度，使飞镖尽可能落在圆心和接近圆心区域 2. 通过进行 301 赛练习，让学生掌握 301 比赛（直接开始直接结束）的规则与方法，培养学生的计分能力 3. 通过俯卧撑练习，提高学生上肢力量和核心力量 4. 加强学生安全思想教育						

课的部分	时间	课的内容	练习时间		组织教法
			次数	时间	
准备部分	10′	一、集合整队，清点人数，安排见习生 二、宣布本次课内容，布置本次课任务		4′	▼ ○○○○○○○○○ ○○○○○○○○○
		三、准备活动 1. 头部运动 2. 肩关节绕环 3. 体侧运动 4. 体转运动 5. 腰腹背拉伸 6. 弓步压腿 7. 仆步压腿 8. 手腕踝关节活动	每节 30~40 秒	6′	让头、颈、肩、手、腰、膝、踝等充分活动开来，为投掷飞镖做好准备
		四、发放飞镖			每个小组 3 支飞镖

续上表　　　　　　　　　　　　　　　　　　　　　　（共 2 页第 2 页）

<table>
<tr><th rowspan="2">课的部分</th><th rowspan="2">时间</th><th rowspan="2">课的内容</th><th colspan="2">练习时间</th><th rowspan="2">组织教法</th></tr>
<tr><th>次数</th><th>时间</th></tr>
<tr><td rowspan="3">基本部分</td><td rowspan="3">65′</td><td>一、投掷飞镖练习
1. 教学任务：投掷镖靶的圆心
2. 练习要求：
（1）每人投中圆心 1~3 次
（2）提高对飞镖的控制能力，减少失误
（3）集中注意力，注意力集中到落点上</td><td>单圆心和双圆心每个分值区各 3×3</td><td>15′</td><td>练习步骤：
2 人 1 组，投掷镖靶的圆心
○○○○○○○○○
○○○○○○○○○
▼↓↓↓↓↓↓↓↓
○○○○○○○○○</td></tr>
<tr><td>二、301 比赛
1. 教学任务：了解掌握 301 比赛的规则与方法，改进和提高飞镖技术动作
2. 目的：提高投掷飞镖的准确率
3. 练习要求：按照 301 比赛的规则进行</td><td>3~4 局</td><td>40′</td><td>圆心也可以分单圆心和双圆心，如果是单圆心，整个圆心区域为 50 分；如果是双圆心，正中黑色区域为 50 分，外围红色区域为 25 分</td></tr>
<tr><td>三、俯卧撑
1. 教学任务：发展上肢力量和核心力量
2. 动作要点：保持身体伸直
3. 练习要求：撑起时肘关节伸直</td><td>每组的次数由投镖的分值决定，共 3 组，间隔 1′</td><td>10′</td><td>按照 301 比赛的规则进行：单开单收，分数先减为“零”获胜，或者 15 轮后分数少的获胜
▼
○○○○○○○○○
○○○○○○○○○</td></tr>
<tr><td>结束部分</td><td>5′</td><td>一、整队放松
二、小结本次课的情况
三、收还飞镖，关闭开关
四、师生再见</td><td></td><td>5′</td><td>▼
○○○○○○○○○
○○○○○○○○○</td></tr>
<tr><td>场地器材</td><td colspan="5">镖靶 15 个，镖道 15 条，飞镖若干支</td></tr>
<tr><td>本课小结</td><td colspan="5">学生基本能够按要求完成练习，但飞镖落点准确性需要加强，301 比赛中最后结镖命中率要提高</td></tr>
</table>

实例三：飞镖考试课教案

××××××2020—2021 年度第 1 学期飞镖选项课教案

（共 2 页，第 1 页）

授课教师	×××	所属部门	体育部	授课班级	全校学生	授课人数	45 人
授课日期	×年×月×日	授课地点	飞镖室	授课课次	16	授课时长	80 分钟
授课内容	考试方式：高分赛，共 3 局，取最好成绩						
教学目标	1. 采用高分赛方式对学生进行考核，检查学生掌握飞镖技术的情况，为今后的飞镖教学掌握第一手材料 2. 培养学生抗干扰能力和坚忍不拔的意识品质 3. 加强学生安全思想教育						

课的部分	时间	课的内容	练习时间		组织教法
			次数	时间	
准备部分	10′	一、集合整队，清点人数，安排见习生 二、宣布本次课内容，布置本次课任务		4′	▼ ○○○○○○○○ ○○○○○○○○
		三、准备活动 1. 头部活动 2. 肩部活动 3. 体侧拉伸 4. 体转运动 5. 腰腹背部拉伸 6. 弓步压腿 7. 双手交换压手指 8. 手腕、踝关节活动	每节 30~40 秒	6′	让头、颈、肩、手、腰、膝、踝等充分活动开来，为投掷飞镖做好准备
		四、发放飞镖			每组 3 支飞镖

续上表 （共 2 页，第 2 页）

<table>
<tr><th rowspan="2">课的部分</th><th rowspan="2">时间</th><th rowspan="2">课的内容</th><th colspan="2">练习时间</th><th rowspan="2">组织教法</th></tr>
<tr><th>次数</th><th>时间</th></tr>
<tr><td>基本部分</td><td>65′</td><td>采用高分赛进行考试
1. 成绩计算方法：按照高分赛的得分多少来评定成绩
2. 考试要求：
（1）按照高分赛的规则进行
（2）每人可以进行三轮高分赛，取最高分评定成绩</td><td></td><td>65′</td><td>1. 考核方法：每一组安排 4 名学生在 1 台飞镖机上进行，高分赛结束后做好登记。学校共有 4 台飞镖机，可安排 4 组同时进行
▼
○ ○ ○ ○
○ ○ ○ ○
○ ○ ○ ○
○ ○ ○ ○
2. 高分赛考核标准：
375～390 分—60
391～405 分—65
406～420 分—70
421～435 分—75
436～450 分—80
451～466 分—85
467～482 分—90
483～497 分—95
498 分以上—100</td></tr>
<tr><td>结束部分</td><td>5′</td><td>一、整队放松
二、小结考核的情况，布置补考
三、收还飞镖，关闭开关
四、师生再见</td><td></td><td></td><td>▼
○○○○○○○○
○○○○○○○○</td></tr>
<tr><td>场地器材</td><td colspan="5">镖靶 15 个，镖道 15 条，飞镖若干个</td></tr>
<tr><td>本课小结</td><td colspan="5">每个学生都能达到考试要求，要想获得高分就必须刻苦练习。个别因身体原因不能参加考试的学生可安排机动时间考试</td></tr>
</table>

第二节　飞镖训练计划制订

训练计划是对训练过程预先做出的理论设计，它是进行和检查训练工作的重要依据。制订的计划要有预见性，要在充分调查研究的基础上确定训练任务、具体目标和方法措施，使训练工作有计划、有步骤地进行，保证训练任务顺利完成。

学校飞镖队的训练计划是依据学校学年、学期教学计划制订的。制订计划可以保证有目的、有系统、有组织、有步骤地进行训练。训练的根本任务是采取有效的方法和手段，提高飞镖技术、拆分技巧和身体素质的水平，以争取更好的运动成绩。

训练计划的制订分为多年（三年）训练计划、年度训练计划、阶段训练计划、周训练计划和课时训练计划。学校飞镖队还应根据学期和假期制度来制订学年计划，以适应以学为主和假期比赛的特点。

一、多年训练计划

学校飞镖队多年训练计划，实际上是整个在校期间系统训练的总体规划。教师应依据学生的思想、身体条件、技术基础、学习成绩以及心理特征等基本情况来制订。多年训练计划也应对飞镖队和每名队员定一个总体目标和任务，以达到“长期坚持，打好基础，系统训练，积极提高”的目的。

多年训练计划的主要内容有：训练目标和任务；运动员思想、意志品质、身体条件、年龄和生理特点以及基本技术等基本情况的分析；测定和评定训练水平与全面考核措施；各学年的训练任务、技术指标及主要措施；比赛安排和名次要求；等等。

多年训练计划可以用表格方式列出或用文字阐述。制订多年训练计划要明确目的和任务，步骤与时间安排要适当，各项训练指标、测验手段要科学合理，应尽可能用数据或百分比标明，并能反映出多年训练的发展目标。

二、年度训练计划

年度训练计划是多年训练计划的一部分，是实现多年训练总任务的最重要、最具体的环节，它是根据多年训练计划和年度比赛任务制订的。年度训练计划主要是利用课余时间有计划、有组织、有系统地落实多年训练计划的指标与内容。它的主要内容包括：

（一）年度训练总体任务

年度训练的总体任务是根据飞镖队队员的基本情况，在总结上一学年训练的基础上提出的对身体素质、基本技术、拆分技巧、心理训练等各项训练指标和比赛成绩的要求，以及对训练工作的检查、监督等措施。

（二）划分训练周期和各周期的任务

年度训练计划中，根据竞赛时间划分训练周期。学校飞镖队的训练可按学期分为两个周期，每学期分为准备期、比赛期和过渡期。年度训练计划主要有三种类型。

年度训练计划的划分和基本任务

训练计划类型		时间跨度	基本任务
年度训练计划	单周期	6~12 个月	准备并参加 1 次或 1 组重要比赛
	双周期	每个周期 4~6 个月	准备并参加 2 次或 2 组重要比赛
	多周期	每个周期 3~5 个月	准备并参加 3 次或 3 组以上重要比赛

第一种类型：是以全学年为一个大训练周期的单周期训练计划。分为准备期、竞赛期、过渡期。

第二种类型：是全学年按两个学期分为两个大训练周期的双周期训练计划。分为两个准备期、两个比赛期和一个过渡期。

第三种类型：是在全学年过程中设有较多次数比赛的多周期训练计划，在两次比赛的期间，进行保持训练水平的训练，或者安排积极性休息。

准备期的主要任务是提高运动员的机能、素质、技术、心理等方面的水平，最终达到竞技状态的初步形成。准备期分为一般准备阶段和专门准备阶段。一般准备阶段主要是发展一般身体素质和掌握技术；专门准备阶段主要是提高专项素质和技术。一般准备阶段优先增加训练量，训练强度逐渐增大；专门准备阶段训练量减少，训练强度继续加大。

比赛期的主要任务是发展专项训练水平，完善专项技术，提高比赛能力，形成和保持良好的竞技状态，创造良好成绩。比赛期负荷趋势是训练量小，训练强度增至最大。

过渡期的主要任务是消除比赛所积累的疲劳，促进机体恢复。采用低负荷量和较小的一般身体训练及积极性休息。

年度训练的各个时期是一个不可分割的整体，各学年、时期之间既有区别又有联系，除在必要时及时进行调整外，一般要按计划进行训练，并做到有指标、有检查、有评价、有奖惩，使整个训练都在严格的程序监控条件下进行。

三、阶段训练计划

阶段训练是指年度训练中特定时间范围内的训练。它有两种类型：第一种是作为完整的年度训练过程中的一个组成部分，第二种则是指中短期临时性集训。

（一）大周期的阶段训练计划

1. 准备期的训练计划

准备期对于全年的训练有着极为重要的意义，在这一阶段中，运动员为比赛阶段做好了身体、技术、心理等方面的全面准备。

准备期还可以分为两个阶段，即一般准备阶段和专项准备阶段。一般准备阶段训练的目的是完成一般身体准备，改善技术和基本战术，主要是提高身体素质。专项准备阶段是向赛季的过渡，这一阶段的训练更为专项化，主要是提高专项竞技能力与水平。

2. 比赛期的训练计划

比赛期训练的主要任务是完善所有的训练要素，形成最佳竞技状态，参加重大比赛。比赛期可以分为两个基本阶段，即赛前阶段和比赛阶段。赛前阶段是在正式进入赛季和准备参加重大比赛前，从准备期进入比赛期的衔接阶段，在这一阶段，运动员在体能、技术、战术和心理等方面进行专门训练，为参加大赛做准备。比赛阶段是指进入正式比赛的这段时间，主要训练任务是保持最高竞技状态，争取优异成绩。

3. 过渡期的训练计划

过渡期是指从比赛结束到下一周期开始训练的这段时间。训练的主要任务是防止出现过度疲劳，以及借助积极性休息恢复，保证前后两个训练大周期之间的衔接。

（二）赛前中、短期集训的阶段训练计划

为准备某些特定的比赛，要组织赛前集训。这种赛前的中、短期集训，常为几周至两三个月。赛前中、短期集训的内容和计划，具有较为鲜明的特点。

1. 赛前中、短期阶段集训计划的结构及负荷特点

在大多数情况下，可将中、短期阶段集训看作若干个周训练的组合。这些周训练的过程，既有各自明显的特点，又彼此连接，共同组成一个统一的阶段训练过程。

2. 赛前中、短期集训中不同条件的运动员的区别对待

对集训前一直坚持系统训练的运动员，中、短期集训应该看作年度训练的一个组成部分。对那些没有经过系统训练的队员，在制订训练计划时，应以中等程度的运动负荷为主，只有在能够保证拥有足够恢复时间的条件下，才能安排带有强化形式的运动负荷。对于长期间断训练的运动员应以适应性及诱导性的训练为主，注意负荷安排的循序渐进，使身体机能尽快地适应一定强度的负荷。

四、周训练计划

周训练计划是由数次训练课组成的，是训练过程中相对完整而又经常重复的重要部分。它是根据不同时期、阶段的训练任务和要求，对飞镖运动员的身体、技术、拆分技巧等内容所做的科学安排。为适应不同任务而制订的周训练计划大致有四种类型，即基本周训练、赛前诱导周训练、比赛周训练和恢复周训练。这四种类型的周训练计划相对应用于准备期、比赛期和过渡期的训练。不同类型的周训练计划，有其不同的

训练任务、内容和负荷安排特点。

（一）训练任务

基本周训练：主要任务是通过负荷的改变引起新的生物适应现象，提高运动员的竞技能力。基本训练周又分为加量周训练和加强度周训练。在年度训练中采用最多的周训练类型是基本周训练。

赛前诱导周训练：主要任务是使运动员的机体适应比赛的要求，把训练过程中所获得的竞技能力集中到专项上去。赛前诱导周训练主要用于比赛前的专门训练准备。

比赛周训练：主要任务是为运动员在各方面达到最佳竞技状态做准备，并进行最后的调整训练和参加比赛，力求创造优异成绩。比赛周训练一般以比赛日为训练周的最后一天，向前数一个星期予以计算。

恢复周训练：主要任务是通过降低运动负荷及采用各种恢复措施消除运动员生理上和心理上的疲劳，以求尽快地实现能量物质的再生，促进恢复。

周训练过程中要求在完成主要任务的同时，考虑训练的系统性和各训练周之间的相互关系。周训练的不同内容及不同负荷要合理交替安排，这样既能够使运动员所需要的各种竞技能力得到全面综合的发展，又可避免负荷过于集中而引起过度疲劳。

（二）训练的主要内容

根据周训练计划任务和实现训练目标的需要，各种类型的周训练内容应有所不同。基本周训练，较多地采用发展一般身体素质和专项身体素质的训练手段，全面提高运动员的竞技能力。在技术训练中，采用分解和完整技术练习相结合的方法，更好地掌握和改进运动技术。训练内容应广泛多样，并合理交替保持持续的系统训练。

赛前诱导周训练的主要内容与基本训练周训练一样，但练习内容更加专项化，训练课的组织形式接近专项比赛的特点。一般身体训练的比例减少，专项身体训练的比例增加。在技术训练中，增加完整练习的比例，以便更有效地发展专项竞技能力。

比赛周的训练应把高强度的专项训练安排在赛前 3~5 天进行，而把恢复性的中、低强度的一般或专项练习安排在赛前 1~3 天进行，使运动员通过艰苦训练所获得的竞技能力能在比赛中得到充分的发挥。

恢复周训练为一般性的身体练习，采用带有游戏性的各种练习，以消除运动员生理和心理上的疲劳。

（三）训练负荷的安排

基本周训练负荷变化的主要特点是周训练负荷增大。因为只有加大负荷，才能引起运动员机体更深刻的变化，产生新的生物适应性。加大训练负荷有以下三种途径：增加训练量，训练强度保持不变或相应地下降；提高训练强度，训练量保持不变或相应地减少；训练量和训练强度都保持不变，通过负荷的累加效应给机体以更深刻的刺激。

赛前诱导周训练负荷变化的基本特点是提高训练强度，与其相应的是训练量适当减少。如果训练量原来就不大，也可保持原来的训练量，但要避免训练强度和训练量同步增加。

比赛周训练负荷的安排，全部要围绕着使运动员机体在比赛日处于最佳状态来进行。负荷的组合方式依据专项特点和运动员赛前的状态而定。一般来说，总的负荷水平不高。在比赛日之前，通常降低或保持一定的训练强度，训练量也应减小或保持。

恢复周训练负荷特点是大大降低训练的强度，训练量适当保持一定的水平，或者大幅度地减小。

周训练计划的格式如表 12 所示。

表 12　________周训练计划

<table>
<tr><td colspan="5">________年________月________日至________月________日</td></tr>
<tr><td colspan="5">训练阶段　　第　　周　　周的类型</td></tr>
<tr><td colspan="5">主要任务：________________________________</td></tr>
<tr><td>星期</td><td>主要任务</td><td>内容方法</td><td>负荷</td><td>恢复措施</td></tr>
<tr><td></td><td></td><td></td><td></td><td></td></tr>
<tr><td></td><td></td><td></td><td></td><td></td></tr>
<tr><td></td><td></td><td></td><td></td><td></td></tr>
</table>

为了掌握训练进度，必要时教练员应根据训练情况及时调整计划。但每周训练计划不仅要任务明确，规定训练次数和时间，安排好每堂课的内容和负荷，还要合理地安排测验和比赛。

五、课时训练计划

课时训练计划是根据周训练计划对每一堂课做出的具体安排，主要内容包括：每堂课的任务及内容；准备活动的内容、分量与要求；基本部分的训练内容、分量与时间的安排及具体要求；训练方法、方式的选择与运用；每堂课的时间分配和各部分组织工作；结束部分整理活动内容、分量与要求；小结与布置课外作业；等等。准备部分是让机体逐步进入工作状态，并从心理和生理两个方面做好承受计划负荷的准备。基本部分是训练课的主要部分，按照训练任务及训练内容的安排顺序进行，其间运动负荷必须有一次或几次达到高峰。结束部分要逐渐降低运动负荷量，使运动员机体进入接近安静时的状态。课时训练计划的基本格式如表 13 所示。

表 13　课时训练计划

日期：________年________月________日________午　　地点：				
课的任务：				
课的部分	时间	内容手段	组织形式	负荷要求
准备部分				
基本部分				
结束部分				
小结				

第三节　飞镖教室的设计

一、概述

为了深入贯彻《国务院办公厅关于强化学校体育促进学生身心健康全面发展的意见》（国办发〔2016〕27 号）精神，培养学生对飞镖运动的兴趣、养成锻炼习惯，提高学生飞镖运动技术水平、增强学生身体素质、健全人格品质，切实促进青少年学生身心健康，加强体育后备人才培养。随着粤港澳大湾区发展规划逐步推进，粤港澳大湾区城市群快速发展，粤港澳三地的教育、体育、文化交流越来越频繁，飞镖运动在粤港澳具备深厚的群众基础，相互比赛交流密切。飞镖运动必将成为粤港澳大湾区学校间交流的重要体育运动项目之一。为了帮助学校更好地开展飞镖教学工作，解决飞镖教学中遇到的问题，广东省飞镖运动协会在总结经验的基础上推出了飞镖教室与课程相结合的教学方法，以期为学校建设飞镖课室提供参考。

飞镖运动起源于 15 世纪的英格兰，20 世纪初成为人们休闲时进行的日常运动。20 世纪 30 年代，飞镖运动日趋职业化，出现了职业协会、职业比赛，以及大量的职业高手。目前飞镖在英国、法国、美国、荷兰、日本、韩国已是非常普及的大众运动，世界飞镖联盟（WDF）一直致力于将飞镖运动列为奥运会正式比赛项目。飞镖运动传入我国时间较晚，1999 年国家体育总局社会体育指导中心把飞镖运动列为正式体育项目，这标志着飞镖运动在中国得到了认可。

2017—2019 年间，广东省飞镖运动协会不断创新丰富校园飞镖的推广，已经举行了 3 期广东省学校飞镖项目教练员培训班、1 期裁判员培训班，累计为 110 所学校 336 名老师提供了飞镖运动专业知识培训；并于 2018 年 12 月面向全省大学生首次举行了“2018 年广东省高校飞镖锦标赛”，共有 19 所高校 152 人参加。广东省飞镖运动协会秉着先行先试的思想，以赛代练，不断推动飞镖运动的开展，飞镖运动也将会在全省校园蓬勃发展。

二、飞镖场地功能区的划分

飞镖运动分为传统的硬式飞镖和互联网时代发展起来的软式飞镖两种。硬式飞镖使用的是传统的钢针镖头，人工计分；软式飞镖使用的是塑料镖头，可以借助电脑计分和互联网对战。根据教学安全的角度和电脑丰富的特效以及“互联网+”的发展趋势，相比较来说学校推广软式飞镖更合适，也更受到广大学生的喜爱。为了安全地开展飞镖教学，广东省飞镖运动协会就软式飞镖教学中所使用的场地、器材等进行了探索。为了规范起见，特提出以下建议，以供参考。

（一）飞镖场地功能区的划分及要求

飞镖教学场地的功能区大致分为教学区、休息区。

1. 教学区。教学区相应配置主要是根据参与的人数配备镖道和等候区。根据飞镖规则器材的要求，从镖盘正面中心点到地面垂直线顶点至投镖线的正中心距离为 2.44 米，运动员站立在投镖线外投镖，投镖线至等候区警戒线不少于 1 米为运动员活动区域。据此，广东省飞镖运动协会标准的训练镖道要求是宽 1.5 米，长 3.44 米（其中 2.44 米为软式飞镖投镖距离，另外 1 米为运动员投镖活动区域）。镖道内除正在投镖的运动员外，不允许其他人站立，因此应设立等候区，其面积不少于 3 平方米，即宽 1.5 米，长 2 米。训练场馆的标准层高应不少于 2.8 米，但是除了专业场馆外大多数室内层高基本上达不到 2.8 米，因此推荐大于 2.3 米的层高来作为参考。基本配置如下：

（1）单镖道所需规划面积 8.16 平方米 = 镖道 3.66 平方米（1.5 米×2.44 米）+投镖活动区 1.5 平方米（1.5 米×1 米）+等候区 3 平方米（1.5 米×2 米）。

（2）飞镖训练教室规划总面积（m^2）= 单镖道规划面积 8.16m^2×N（N = 参与总人数÷4，以每 4 人共用一个镖道计算）。

例如：一个 40 人的教学班，以每 4 人共用一个镖道计算，面积需求为：飞镖室总面积（m^2）= 8.16m^2×(40÷4) = 81.6（m^2）。

2. 休息区。休息区的面积大约 20 平方米，配备 5 张桌子、20 张椅子，饮水机数量根据各自情况放置。在教学场馆比较紧张的院校，可以利用训练场地的走廊等空旷公用场所合理布置。注意通道保持畅通，不得堆放物品堵住安全通道，这样才不会影响飞镖运动员的训练。

三、飞镖教室的环境规划及布置

飞镖运动不需要大面积的专用场地，若干平方米的室内空间便可摆放一台飞镖机，可依据室内空间合理布置利用。飞镖运动在室内进行，学生不必面对复杂多变的室外环境，训练不受气候等天气影响。在装有空调的训练馆，能有效避免高温、雾霾对运动员的伤害。飞镖训练与比赛讲究礼貌谦让，没有剧烈的身体对抗，大大降低了不可预测情况的发生。

（一）器材

1. 柜式飞镖机；

2. 软式镖靶（可挂墙或挂支架）。

（二）镖具

镖具是指运动员个人使用的飞镖，分为软式塑料镖头、镖身、镖杆、镖翼。

（三）其他器材

黑板（白板）、粉笔或白板笔、5 张桌子、20 张椅子，可根据学员人数需要配置和选择。尽可能利用有限空间资源粘贴海报宣传飞镖知识、拆分表等。

四、飞镖教室的分级管理

（一）甲级飞镖教室

1. 经费投入：25 万~35 万元；

2. 训练器材：10 台柜式飞镖机；

3. 教练员：2 名；

4. 功能：完成日常 40~60 人的飞镖训练；能够开展校内、校际间的飞镖比赛；能够承办不超 200 人的省级学校飞镖比赛。

（二）乙级飞镖教室

1. 经费投入：10万~15万元；

2. 训练器材：4台柜式飞镖机，6个软式镖靶；

3. 教练员：1~2名；

4. 功能：完成日常40~60人的飞镖训练；能够开展校内的飞镖比赛；能够承办不超60人的小型飞镖比赛。

（三）丙级飞镖教室

1. 经费投入：6万~10万元；

2. 训练器材：1~2台柜式飞镖机，8~9个软式飞镖靶；

3. 教练员：1~2名；

4. 功能：完成日常40~60人的飞镖训练；能够开展校内飞镖组组织的比赛；能够承办不超20人的飞镖比赛。

（四）普及性飞镖教室

1. 经费投入：6000元；

2. 训练器材：10个软式镖靶；

3. 教练员：1名；

4. 功能：完成日常40人以内的训练；可以开展教学交流。

【思考题】

1. 飞镖教学教学大纲的内容包括哪些？

2. 制定和安排教学进度的基本要求有哪些？

3. 简述编写教案时应注意哪些问题。

4. 怎样处理多年训练计划、年度训练计划、阶段训练计划、周训练计划和课训练计划的关系？

5. 如何计算单镖道的面积？

第九章　飞镖运动员体能训练

【名人名言】只有运动才可以除去各种各样的疑虑。——歌德

【学习目标】通过学习体能在体育运动中的作用和意义，以及体能训练的基本原理和训练原则，掌握飞镖运动项目特征及飞镖运动员体能的要求和飞镖运动员体能训练的基本内容等。

第一节　热身运动

热身运动是运动训练的重要组成部分，热身的重要性在于可以避免运动损伤的发生，减小损伤发生的风险系数。一个有效的热身包含很多重要的元素，这些元素共同作用才使得运动的损伤风险降到最低。热身是身体活动之前进行的运动，有很多的益处，可以帮助身体增加温度，肌肉温度的增加可以使肌肉更松弛、更灵活。有效的热身可以增加心率次数和呼吸的深度与频率，增加血液流量和血液氧气的供给，帮助肌肉与关节接受艰苦训练。

一、热身运动的定义

（一）热身运动的概念

热身运动又称准备运动，是某些身体活动的组合，是以较轻的活动量先行活动肢体，为随后更为强烈的身体活动做准备，目的在于提高激烈运动的效率和安全性。锻炼之前，人体的机能和工作效率不可能在一开始就达到最高水平，因而需要通过热身调整运动状态。

（二）热身运动的种类

1. 一般热身运动

一般热身运动是指一般轻松的身体活动，包括运动的强度与一定的

时间，可根据身体的健康水平和运动竞技的状态来确定，以身体微微出汗为宜。

2. 专项热身运动

专项热身运动是通过一般热身活动后，为运动员参与专项运动的需求而进行的热身活动。热身活动反映出专项的特点，活动的动作与专项相符合。

（三）热身运动的作用

1. 提高肌肉温度和体温，保证运动安全性。

2. 血流量增加，氧气的扩散加快，肌肉供氧增加。

3. 物质代谢和能量释放过程加强，加速燃脂。

4. 提高神经系统的兴奋性，提升运动效果。

5. 调节心理状态，快速投入运动。

（四）热身运动的基本形式

1. 静止的肌肉拉伸

静止的肌肉拉伸是安全有效的肌肉基础拉伸活动，主要对运动时需要的大肌肉群进行拉伸，可有效地降低损伤风险，全面提高肌肉的灵活性。静止的肌肉拉伸是将肌肉放置于紧绷的状态，持续一段时间。主动与被动的肌肉群经过拉伸后获得放松，缓慢并谨慎地调动身体的肌肉群的紧绷度，这方法是让肌肉与肌腱的长度被拉长。这个部分是很重要的，这种方法使得关节活动范围增加，对肌肉与肌腱的损伤预防来说是很重要的措施。

2. 动态的肌肉互动

动态的肌肉互动是热身活动的重要内容，但是如果这个阶段使用肌肉不妥当，会导致肌肉的损伤风险增加，所以这个阶段的活动要规范进行。这种动态的肌肉拉伸包括控制软组织的平衡、扩大身体关节的活动范围。这种活动的力度是循序渐进增加，而不是激进和无控制的力量。动态肌肉拉伸后使运动员的身心达到最佳状态，并使身体做好准备接受艰苦的运动训练。肌肉的拉伸是改善运动员能力和表现的有效方法，也是避免损伤风险和对受伤的肌肉进行康复的有效措施，不要认为这些方法简单而忽视它们的作用。

二、飞镖运动员热身运动的方法

1. 一般性热身活动。一般性热身活动的目的是促使身体的温度升高和心率加快，这也是在做热身活动时身体最基本的变化，所采用的方式为慢跑、伸展操等。一般性热身活动应将时间控制在 5 ~ 10 分钟，以达到加快血液循环、提高神经系统的兴奋性以及增加关节间的润滑性为宜。

2. 拉伸热身活动。在做拉伸准备活动时应注意先后间的顺序。首先应使全身的肌肉群得到很好的拉伸，通过拉伸不仅可以扩大身体某个部位的活动范围，还可以提高肌肉的协调性和柔韧性，还应注意身体拉伸的上下顺序，通常从上肢到下肢，包括躯干和腰背肌群。

3. 专项热身活动。最后阶段的热身活动应使队员由普通的热身运动逐步调整到临战状态。这一阶段的练习应以握镖练习、站姿练习和多种距离的投镖练习以及投掷圆心练习等为主。

三、飞镖运动员热身运动的注意事项

1. 热身活动的内容不应因比赛性质、比赛强度的不同而改变。

2. 专项热身活动的时间应比一般热身活动的时间长，热身活动的形式应多种多样。

3. 热身活动中的心理训练应贯穿于比赛的始终。

4. 热身活动并没有固定的模式，应根据季节、现场的环境、时间等因素来决定。

在比赛中要求运动员全面掌握飞镖的技术动作和基本策略，更重要的是培养运动员在高强度的比赛中临场所表现出来的调节能力和身心适应能力，而这一切在赛前的热身活动中都可以得到很好的锻炼。赛前进行热身活动的目的是在赛前状态的基础上，通过各种基本练习，使身体的各项生理功能达到适宜状态，克服身体内脏器官的惰性，增强协同作用的效果，旨在比赛中发挥出更高的运动水平，取得更好的运动成绩。

第二节　力量素质训练

飞镖运动员力量素质训练是指在全面发展飞镖运动员的力量素质的基础上，着重提高与飞镖技术特点相关的力量素质的训练。专项力量素质训练有助于促进运动员基本技术、基本策略及其他身体素质的提高，对于防止关节、肌肉等运动损伤和培养运动员顽强的意志品质与拼搏精神有着积极作用。

一、力量素质的定义

（一）力量素质的概念

力量素质是指肌肉在工作时克服内外阻力所表现出来的能量和耐力。力量素质是人体进行体育运动的基本素质之一，是获得运动技能和取得优异运动成绩的基础，也是其他身体素质发展的重要因素。

（二）飞镖运动力量素质训练的种类

1. 最大力量

最大力量指肌肉在进行最大收缩情况下肌体能够发挥的最大值。影响最大力量的主要因素有：（1）肌肉的白肌纤维的数量；（2）肌肉的生理横断面积的大小；（3）肌肉克服阻力进肌纤维的初长度；（4）神经系统的调节机能。

2. 快速力量

快速力量指在最短时间（15 ms）内发挥肌肉力量的能力。由于快速力量是速度素质和力量素质有机结合的一种特殊力量素质，具有速度和力量的综合特征，所以影响快速力量的主要因素有速度素质的发展和力量素质的发展。

3. 耐久能力

耐久能力指机体肌肉持续性进行工作的能力。主要靠有氧供能，其发展不仅依靠肌肉力量的发展，而且要靠血液循环、呼吸系统机能的改善和有氧代谢能力的提高，以满足长时间工作的肌肉所需的氧气和能源供给。

（三）飞镖运动员力量素质训练应遵守的原则

飞镖力量的训练应符合飞镖运动的力量特点，在训练过程中根据不同对象、不同的训练水平、不同的训练时期和不同训练任务合理安排力量训练的内容，选择有效的手段和方法。力量训练的安排应遵循以下几点：

1. 全面发展原则

在飞镖运动员成长过程中，打下一个稳固的身体素质基础是十分重要的。尤其对负责专项运动的每一个肌群都要进行全面的力量训练，使运动员各个部位的肌肉都得到锻炼，为专项技术训练奠定良好的基础。同时肌肉的全面发展不仅可减少运动损伤，还能起到调节技术训练过程中中枢神经系统机能状态的作用。

2. 共同作用原则

飞镖运动员进行力量训练时，要尽可能使完成动作过程所涉及的原动肌、协调肌和对抗肌的工作方式与专项动作一致，从而使训练取得最佳的效果。把力量素质的发展与飞镖技术动作的完善和机能的提高结合起来，在发展力量素质的同时，达到既提高肌肉工作的协调能力，又能达到改进技术的目的，使训练形成一个协调的整体系统。

3. 系统训练原则

飞镖运动员力量素质训练计划具有很强的阶段性。一般划分为：基础阶段（平时训练 3～6 周）；提高到最大力量阶段（冬训期 1～3 个月）；发展肌肉耐力阶段（2～4 个月）；保持力量阶段（赛前 1～3 周）；结束阶段（赛后一周左右）。总之，力量训练计划的目标、内容、方法等，在全年各训练阶段都须不断变化。

二、飞镖运动员力量素质训练的方法

（一）常用的训练方法

1. 最大负荷法。主要采用大重量进行训练，即最大负荷量的 90%～100%，做 1～2 次练习，共做 6～8 组练习。

2. 金字塔训练法。即负重量不断增加，直到极限，这样训练力量可快速增长。

（二）快速力量常用的训练方法

1. 大负荷训练法。这种训练方法不但能使最大力量得到提高，而且能使中枢神经系统发放的冲动强度大幅度提高，能最大限度地激活运动单位尽可能达到同步的活动。

2. 中小负荷训练法。采用这种方法可以使肌肉快速收缩，但是产生的刺激强度，可能还不足以诱发足够的神经冲动。因此，大负荷优于中小负荷训练法，但中小负荷的力量训练是很好的补充。

3. 大幅度训练法。增加运动员练习动作的用力距离，在训练中可通过改进动作技术和发展身体各部位关节柔韧性来实现。

4. 超常训练法。即肌肉先进行快的离心收缩，紧接着爆发性地完成向心收缩，对提高运动员的支撑能力、快速力量有着独特训练效果。

（三）腿部力量训练

1. 肩负杠铃做半蹲或全蹲，一般为最大负荷的80%左右，重复3~4次，慢蹲快起，躯干正直，防止塌腰翘臀，注意保护。

2. 肩负最大负荷量40%~50%的杠铃，在软地或地毯上做半蹲起8~12次，做4~6组。

3. 肩负最大负荷量40%~50%的杠铃做箭步走。

4. 徒手或负重，做单腿深蹲起。

5. 肩负杠铃做提踵练习。

（四）发展腰腹力量

1. 仰卧起坐练习：仰卧斜板起坐、仰卧屈膝起坐、仰卧做“收腹折体”、仰卧双手握住同伴的双踝做收腹举腿（同伴双手用力将练习者举起的腿推下）。

2. 俯卧“两头起”。

3. 单杠上双臂悬挂，做收腹举腿呈90°并保持4~5秒。

4. 宽握杠铃做直臂直举；30~40千克杠铃做高立抓举。

5. 肩负杠铃做体前屈起（不准弓腰起）；肩负杠铃，做转体，脚平行开立稍宽于肩，直膝转体，脚掌不能动。

6. 前、后抛掷实心球。

（五）发展手指、手腕、手臂肌肉群

1. 空手用力张握，要求高速率，15～30 秒；握镖手势，高速率甩腕，15～30 秒。

2. 两人各紧握接力棒一端，做相对抗的捻转接力棒。

3. 站立对传实心球。

4. 坐地双手传接实心球。

5. 握哑铃做翻腕练习。

6. 抓接铅球，手指和掌心向下抓住铅球，在曲肘上提球的过程中松手，在球下落时由另一手接抓铅球。

三、飞镖运动员力量素质训练应注意的问题

1. 力量训练的方法、手段应与专项动作特点紧密结合。侧重于动力性练习；要与速度、柔韧、灵敏等素质和飞镖技术的练习结合进行，使力量成为活力。

2. 在力量训练中，要注意集中与分散安排相结合，避免局部负担过重，注意大小肌肉群均衡发展。要考虑运动员年龄、性别、训练程度，做到有针对性地合理安排。

3. 力量训练时要注意安全，防止伤害事故。在负重练习前要充分做好准备活动，训练时集中精神，要掌握正确的动作方法要领，循序渐进，加强保护。力量训练不宜在疲劳状态下进行。

4. 力量训练要坚持经常性和间歇性。力量增长快，停训后消退也快。可以用“超负荷训练”获得超量恢复，达到迅速发展力量的目的。

5. 力量训练中要注意练习安排的顺序，速度力量练习应安排在力量耐力练习前面进行。

6. 力量训练后，要特别注意使肌肉放松。肌肉在力量训练后产生酸胀感、肌纤维增粗的现象，应采取积极措施消除肌肉的酸胀感，以利于减少能量消耗，并更好地保持肌肉弹性。训练时要按身体不同部分的肌肉交替穿插进行，同时注意安排放松练习。训练后要采取按摩、淋浴等

恢复手段，培养运动员自我放松的习惯。

飞镖运动员的力量训练在各项身体素质中占有极为重要的位置，它是发展速度、柔韧、协调性等素质的基础。注重加强飞镖运动员主动肌群的力量训练，根据力量训练专项化要求，不同身体环节应采用不同训练方法与负荷，并且做到全面协调发展。

第三节 速度素质训练

速度素质是飞镖运动员应具备的重要身体素质之一，在飞镖训练和比赛中发挥重要作用。由于飞镖运动本身的特点和严格规定的投镖时间限制，运动员投镖的时间极为短促，这就要求飞镖运动员必须有良好的速度素质，主要是以手臂、手腕和手指快速完成动作。

一、速度素质的定义

（一）速度素质的概念

速度素质是指人体快速运动的能力。快速运动反映着机体运动的加速度和最大速度的能力。

（二）速度素质的种类

1. 反应速度

反应速度是指人体对各种信号刺激快速应答的能力。由于运动员对不同类型信号的反应时间是不同的，训练中往往根据不同项目的特点测定运动员对特定信号的反应时间。

2. 动作速度

动作速度是指人体或者人体某一部位快速完成动作的能力。动作速度是技术动作不可缺少的要素，表现为人体完成某一技术动作时的挥摆速度、击打速度等，此外还包含在单位时间内连续完成单个动作时重复的次数。

二、飞镖运动员速度素质训练的方法

飞镖运动员速度素质训练方法对于飞镖运动员身体素质的提高有非

常大的帮助，好的训练方法能促进飞镖运动员的技术水平的提高。

（一）飞镖运动员动作速度素质的训练方法

飞镖运动技术动作速度（动作速度和转换动作的速度），主要由单个技术动作速度和组合技术动作速度组成，单个技术动作速度对组合技术动作速度有决定性的影响，关键技术环节的速度，又是以快速完成动作为基础的，因此，提高关键技术环节的速度是发挥飞镖动作速度的重点。提高动作速度的方法有：单个动作的关键环节和组合动作的衔接动作速度，如快速准确握镖、快速取镖；在规定的时间内完成动作的次数或在规定完成的动作次数中减少完成的时间，如 30 秒计时快速投镖，计算投镖的次数。

（二）飞镖运动员反应速度素质的训练方法

飞镖运动员的反应速度主要有：信号反应（如投完三镖后，快速启动拔镖）；预测反应（如飞镖出手的角度、速度、弧线，从而判断飞镖的落点，调整动作速度）；选择反应（如 01 比赛，根据所剩分数，迅速进行拆分，选择相应的分值区）。

三、飞镖运动员速度素质训练的注意事项

1. 速度素质包括了反应速度、动作速度和位移速度，它们的表现方式各有特点，在发展速度素质过程中应各有所侧重，尤其是飞镖技术的训练中，动作速度占比大，但也不能忽视反应速度。速度素质对飞镖运动员来说具有重要的意义，是飞镖运动中基本技术和基本策略发挥的基础。

2. 中枢神经系统的灵活性是飞镖运动员速度发展的基础，在速度练习中应强调注意力的集中程度和指向，并在训练中注重培养飞镖运动员速度素质的发展应与人体的适应状态、快速力量与柔韧素质水平相适应，才能收到好的效果。

3. 动作速度是飞镖运动基本技术的重要基础，是投掷飞镖准确率的主要因素。飞镖运动员提高飞镖的出手速度，提高飞镖落点的准确性。飞镖运动员可以快速取回飞镖，达到缩短取镖时间、增加投镖时间，在

规定的时间内，完成飞镖的投掷过程的效果。

4. 训练时应采用比赛性和对抗性练习，以提高队员的练习积极性，提高成绩，适应比赛的需要，要求一对一进行。每一练习都要求运动员以最快的速度按正确的动作来完成，在反复练习中间隔的时间不宜过短，中间也可穿插一些积极性练习。

5. 速度素质应结合飞镖专项的特点才能奏效，注意合理安排飞镖运动员速度素质训练的顺序与时间；注意以发展力量和柔韧来促进飞镖运动员速度素质；注意进行速度练习时人体要处于适宜的工作状态，发展飞镖运动员速度素质应重视肌肉放松。

第四节　耐力素质训练

飞镖运动是一项高强度、多间歇、持续时间较长的项目。飞镖比赛中，多次反复快速的运动要求运动员具备良好的特殊体能。飞镖运动是一项技术性强、比赛气氛热烈的项目，其基本技术和基本策略的运用是短时间内完成的。比赛中体能的逐渐下降，必然导致技术动作失常、失误增多、落点准确率降低等一系列的连锁反应。专项耐力素质是飞镖运动的重要素质，是运动员在训练中和比赛中抗疲劳能力的反映。对飞镖运动员专项耐力素质提出了更高的要求，是因为现代飞镖比赛需要运动员在长时间、高速度和高密度的对抗中完成比赛任务。

一、耐力素质的定义

（一）耐力素质的概念

耐力素质是指人体长时间维持一定强度的活动或抵御神经、肌肉疲劳的能力。耐力素质是一种重要的基本运动素质。除了意志品质的坚毅性以外，神经过程的稳定性、最大摄氧量水平、肌糖原的储备量、快慢肌纤维的比例、人体负氧能力等因素是生物学方面影响耐力素质发展的主要因素。

（二）耐力素质训练的基本要求

1. 发展耐力素质要充分考虑年龄、性别及生理特点。男子和女子、体质强者和体质弱者的运动负荷都要有明显的差别。

2. 发展耐力素质应该在发展有氧耐力的基础上发展无氧耐力。

3. 发展耐力素质要注意运动强度和间歇时间。

4. 动作速度为中等时，对耐力素质的提高最为有效。

5. 要重视耐力锻炼中的呼吸与动作的配合。

6. 耐力锻炼必须持之以恒，要有顽强的意志品质。

7. 耐力锻炼后，应加强营养的补充和疲劳的消除。

（三）飞镖运动员专项耐力的重要性

飞镖运动是一项持续时间长、密度大、比赛气氛热烈的运动项目，良好的耐力素质是充分发挥飞镖基本技术和基本策略的基础，飞镖运动员要想在竞赛的全过程中保持旺盛的精力、顽强的斗志和特定的动作质量，就必须具备良好的专项耐力素质。

二、飞镖运动员耐力素质训练的方法

飞镖运动员的耐力素质主要是以有氧供能形式为主，以无氧分解供能为辅，所以在飞镖耐力训练中，就必须提高有氧、无氧混合供能的能力。

1. 有氧耐力与无氧耐力相结合。飞镖运动员的耐力素质可分为肌肉耐力和心血管耐力两种形式。肌肉耐力也称为力量耐力，心血管耐力又分为有氧耐力和无氧耐力。在一场紧张激烈的飞镖比赛中，飞镖运动员要在飞镖场上往返奔跑 45~60 次，不仅强度大、密度高，而且持续几个小时，甚至一整天，因此在发展无氧耐力的同时，还要提高有氧耐力，在有氧耐力提高的基础上发展无氧耐力。无氧耐力的训练方法主要是间歇训练法，可以使人体无氧耐力达到最高值；有氧耐力的训练时间，一般情况下持续时间不能少于 3~5 分钟，可采用变换跑、重复跑，以求训练形式和特征能适应飞镖比赛中运动强度等。

2. 飞镖速度耐力训练。一般耐力训练对练习强度和形式一般都没有严格的要求，而速度耐力训练则不同，其对练习强度和持续时间等都有严格的规律要求。对飞镖运动来说，其专项速度耐力是指高速加速跑的速度耐力和高速度、大幅度的单个动作的速度耐力，即挥臂的速度耐力。

3. 飞镖运动力量耐力训练。力量耐力是机体肌肉持续进行工作的能力。主要靠有氧供能能力，其发展不仅依靠肌肉力量的发展，而且要靠血液循环、呼吸系统机能的改善和有氧代谢能力的提高，以满足长时间工作的肌肉所需要的氧气和能源供给。力量耐力的训练方法有：（1）大负荷训练法；（2）持续匀速负荷法；（3）变速负荷法。

三、飞镖运动员耐力素质训练的注意事项

1. 一般耐力与专项耐力相结合，一般耐力训练是专项耐力训练的基础，专项耐力训练又是专项运动能力改善和提高的基础，应把耐力素质的训练安排在训练课的最后部分进行。

2. 根据训练任务与要求，科学地安排训练强度、重复次数、间歇时间。

3. 耐力素质训练应贯彻循环渐进和区别对待的原则，随时注意观察运动员的反应，以便根据情况调整运动量。

4. 注意在耐力训练中与基本技术相结合。

5. 专项耐力训练的安排要充分考虑运动员的营养状况、睡眠休息情况、身体的恢复是否适应新的刺激等因素，避免可能因疲劳而影响其他素质和基本技术的训练。

第五节　柔韧素质训练

许多国内专家学者指出，国内飞镖运动员与国外运动员在肌肉力量、基本技术、基本策略、柔韧素质方面存在较大差距。然而有些教练员往往忽略了柔韧素质的训练。柔韧性素质对加大飞镖运动员技术动作的幅度和减少运动员身体受伤有着积极的作用。

一、柔韧素质的定义

（一）柔韧素质的概念

柔韧素质是指人体的各个关节在不同方向上的运动能力以及肌肉、

韧带等软组织的伸展能力。通过关节运动幅度，也就是按照一定的运动轴，产生转动的活动范围而表示出来。柔韧素质包含着两方面的含义：一个是关节活动幅度的大小，一个是跨过关节的肌肉、肌腱、韧带等组织的伸展性。

（二）柔韧素质的种类

1. 一般柔韧素质：一般柔韧素质是指人体那些最主要的关节活动的幅度，如肩关节、膝关节、髋关节活动幅度的大小，一般柔韧素质对运动项目而言是非常重要的。

2. 专门柔韧素质：专门柔韧素质是指某专项运动所需要的特殊柔韧性，它是掌握专项运动技术必不可少的重要条件。

（三）柔韧性素质的作用

柔韧性素质的主要作用有预防或减少运动损伤、扩大关节活动的幅度、促进运动后的恢复，有助于放松情绪，还是运动选材的一个重要依据。这说明运动员不可忽视柔韧性训练，应该有目的、有计划地科学合理地进行柔韧性训练。只有全面地锻炼身体各个关节、韧带、肌肉的柔韧性，才能更加有效地改进运动机能，增大运动幅度，提高协调能力和动作质量，更好地提高身体素质，获得更好的成绩。

1. 可以加大运动动作的范围，有利于肌肉力量和速度的发挥；
2. 可以提高关节的灵活性，使运动的动作更加协调，同时能最大化地发挥其他的身体素质；
3. 可以防止或者减少伤害事故的发生，增长运动员的职业生涯；
4. 能促进运动后的身体恢复，有助于恢复运动损伤；
5. 柔韧素质是体育运动选材的一个重要依据。

二、飞镖运动员柔韧素质训练的方法

发展柔韧素质的目的是为了提高关节的肌肉、肌腱、韧带等软组织的伸展性，其伸展能力的提高主要是由于“力”的拉伸作用的结果。柔韧素质的练习方法主要有两种，即主动或被动形式的静力拉伸法和主动或被动形式的动力拉伸法。这两种练习方法的特点，都是在“力”

的拉伸作用下，有节奏地逐渐加大动作幅度或多次重复同一动作，使软组织逐渐地或持续地受到被拉长的刺激。

（一）静力性拉伸方法

缓慢地将肌肉、肌腱、韧带拉伸到一定程度的酸、胀、痛的感觉位置并略有超过，然后停留一定时间的拉伸方法。这种方法可减少或消除超过关节伸展能力的危险性，防止拉伤，由于缓慢拉伸不会激发牵张反射。一般要求在酸、胀、痛的位置停留6~8秒，重复6~8次。

（二）动力性拉伸方法

有节奏、速度较快、幅度逐渐加大、多次重复一个动作的拉伸方法。运用该方法时用力不宜过猛，幅度一定要由小到大，先做几次小幅度的预备拉长，然后加大幅度，从而避免拉伤，每个练习重复5~10次。

主动的动力性拉伸方法是靠自己的力量拉伸，被动的动力性拉伸方法是靠同伴的帮助或负重借助外力的拉伸，但外力应与运动员可拉伸的能力相适应。上述方法可单独采用亦可混合运用，练习时间根据需要确定。

三、飞镖运动员柔韧性素质训练的注意事项

（一）发展柔韧性应与飞镖比赛特点和个人特点相结合

在进行柔韧性训练的时候，要根据飞镖运动的发展特点来进行组织安排。在全面发展身体各个部位柔韧性的基础上，要重点发展飞镖运动所需要的髋部、腰部、腿部的动力性和静力性的拉伸能力，尤其是发展肩关节、肘关节、腕关节以及膝关节、踝关节的伸展性和灵活性，发展大腿的肌肉群、腰背部、腹部肌肉和韧带的伸展性，达到飞镖运动的柔韧性要求。

（二）发展柔韧性应是长期的、经常性的过程

柔韧性的训练效果快，会很明显，但是消失得也快，较长时间不训练，就会大大降低柔韧性。因此，要保持经常训练，在训练中要做到循环渐进，有目的地去提高，不能急于求成，以免出现身体损伤的现象。

（三）发展柔韧性应与力量、速度训练相结合

在飞镖运动训练过程中可以适当地与力量项目相结合，使速度、力

量与柔韧训练同步发展和提高，还能增强关节的稳固性。在力量训练结束之后可以紧接着安排柔韧性训练，这样可以使肌肉、肌腱和韧带保持良好的弹性和伸展性，从而保证肌肉韧带的柔韧性，促进身体能力更加全面地发展。

（四）注意外界温度与练习时间

在进行柔韧性训练的时候应注意外界温度，冬天比较冷的时候，首先要穿暖和，其次是先进行一段时间的慢跑或热身，等身体微微出汗后再去进行柔韧性的训练。

【思考题】

1. 飞镖运动的热身活动如何进行？
2. 耐力素质在飞镖运动中的作用有哪些？
3. 飞镖运动员力量素质训练的方法有哪些？
4. 简述一般耐力和专项耐力在飞镖运动中的联系和区别。
5. 飞镖运动柔韧素质训练的方法有哪些？

第十章　飞镖运动员心理训练

【名人名言】理想的人是品德、健康、才能三位一体的人。——高尔基

【学习目标】了解运动员心理训练的内涵与意义，掌握飞镖运动员心理训练的方法与作用。

第一节　运动员心理训练的概述

一、运动员心理训练的内涵

现代科学研究证明，运动员的心理因素影响着身体、技术的发挥程度。体力受心理因素的影响是显而易见的，如果运动员参加训练和比赛时情绪低落、意志消沉、信心不足、遇事胆怯，便不能使机体的潜在力量得以充分发挥。从技术的角度来说，要在训练和比赛中得到充分发挥，更需要进行心理训练，因为运动员必须能够根据临场情况的变化，当机立断地采取行动，这便要求运动员不仅要有注意力高度集中的训练，还要有思维敏捷性和灵活性的训练。适宜的情绪兴奋性和稳定性训练，意志果断性、顽强性、自觉性等训练，才能充分施展运动员的技术水平。如果缺乏必要的心理训练，运动员的心理素质发展不好，心理能量发挥不好，即使身体、技术水平较好，在竞赛中也难以取得好的成绩。所以运动员要在训练和比赛中稳定地取得优异成绩，不仅应具备身体和技术方面的优势，也要具备心理方面的优势，才能充分发挥运动员的实力，达到以弱制强、出奇制胜之功效。心理训练的作用主要在于促进运动员心理素质的不断完善，形成专项运动所需要的良好个性心理特征，获得较高水平的心理能量储备，使其心理状态适应训练和比赛的要

求，为提高运动技术水平、获得最佳竞技状态和创造优异成绩，奠定良好的心理基础。

运动员心理训练是指有计划、有目的地对运动员在心理方面进行调节、适应及提高的训练过程，旨在依据相关理论和方法手段对运动员的心理过程、个性特征和行为特征进行调节与促进。实施运动心理训练的目标是培养运动员积极而乐观的个性、独立而创新的思维、坚韧而果断的意志、丰富而自控的情绪、集中而稳定的注意、清晰而敏锐的感觉、自信而清醒的意识、快速而主动的应激、高昂而互动的士气。运动员心理训练可分为一般心理训练和准备比赛心理训练。

二、运动员心理训练的意义

运动员心理训练在竞技运动中的地位与作用越来越受到广泛的关注与重视，心理训练已经从对运动员的思想教育管理范畴中独立出来，成为独立的学科和技术融入运动训练和竞赛中，为运动员竞技能力的发展和更好地驾驭比赛提供了重要的理论基础和技术条件。心理训练是运用心理学、生理学和行为科学等学科的理论和技术，帮助运动员达到心理优化的过程。它已经成为提升运动员竞技能力关键的内在动力。

（一）有助于运动员调节控制自己心理状态能力的培养

心理训练是通过心理与身体的信息互动从而加强大脑与肌肉的双向联系，通过大脑对内脏器官活动和思维过程的调节，提高情绪的调节控制能力。通过有目的的认知训练可以纠正和改变不良的身心行为，培养良好的心理习惯。因此，系统的心理训练可以帮助运动员实现对情绪、思维、行为三个方面的最佳控制。例如，当运动员参加比赛出现过度紧张时，心理训练可增强对“应激源”的应对能力，通过放松、暗示、积极思维或呼吸调节等手段，可以很快地解除紧张，稳定情绪状态。

（二）有助于运动员抗干扰能力的提高

通过心理训练能够强化专项心理技能，增强竞争力。例如，有些运动员平时训练水平很高，但在比赛中常因注意力的分散而破坏了清晰的肌肉感觉，以至于严重影响技术水平的正常发挥。对此，可通过集中注意力的专门练习来提高集中注意的能力，从而解决比赛时的注意分散问题。有的运动员过度担心赛场干扰或比赛条件变化，模拟训练可帮助运动员提高适应能力，促进比赛发挥水平。

（三）有助于运动员消除疲劳

运动员在训练和比赛后不仅会出现生理疲劳，心理疲劳也很突出。尤其是那些技术复杂、竞争激烈并要求运动员高度集中注意的运动项目，心理疲劳更易发生。如果这些疲劳不能及时消除，就会严重影响正常训练和比赛。例如，有的运动员身体机能没有任何问题，可就是注意力不集中、反应迟钝、失眠健忘，这些现象就是典型的心理疲劳的表现。可采用放松训练、音乐调节、气功练习等心理恢复手段进行调节，减缓和消除心理疲劳。

（四）有助于运动员克服各种心理障碍

例如，有的运动员在某次比赛中出现失误形成“阴影”后，当再次比赛时会不自然地产生害怕心理，从而造成心情紧张，发挥失常。心理训练可以帮助运动员改变消极的思维方式，用积极的思维和对成功的引导反复进行表象练习，进而使之重新增强信心，系统脱敏，克服紧张情绪，达到有利于比赛的心理状态。

（五）有利于人脑潜能的不断发掘

研究证明，人类最大的潜能存在于大脑之中，正常情况下人们只动用了大脑十分之一的功能。心理训练可以打开通往潜意识的大门，有利于人类调动和挖掘自身的潜能。当运动员认识到自己蕴藏着巨大的潜能时，就会更有信心克服各种困难，面对各种挑战。心理训练是提高竞技能力和运动水平的重要途径之一。美国学者格鲁波曾提出：“对初、中级运动员来讲，80%是生物力学因素，20%是心理因素；高级运动员则相反，80%是心理因素，20%是生物力学因素。”

第二节　一般心理训练的概述

一、一般心理训练的内涵

一般心理训练是指有意识、有目的地对运动员的心理过程和个性心理特征施加影响的过程。其目的是培养和发展运动员在紧张的比赛和训练中所必需的心理品质及个性心理特征，使运动员学会控制和调节自己的心理状态，争取在比赛中长时间保持最佳竞技状态。一般心理训练也叫长期心理训练，是针对运动员应具备的心理素质所进行的训练。它贯穿在身体、技术、战术训练过程中，主要培养运动员的参赛动机、感知能力、反应能力、挫折耐受力、情绪调节能力、意志力和集体责任感等，此外还包括个性心理倾向的矫正和培养。一般心理训练是指平时经常进行的心理训练，目的在于提高运动员完成专项运动所需要的心理因素。由于它是在平时训练中系统安排的，所以又叫作长期心理训练。

二、一般心理训练的方法

（一）注意集中训练

运动员学会集中自己的注意力，对于完成训练和比赛任务是非常重要的。运动员只有提高集中注意的能力，才能促进竞赛的活跃状态，提高情绪的兴奋水平，加强意志的强大程度，达到提高训练和竞赛效果的目的。运动员在训练和比赛中分散注意的因素很多，诸如身体方面、环境方面、心理方面等，都会分散注意力，这就有必要进行注意集中训练。

注意集中训练，就是使运动员学会全神贯注于一个确定目标，不受任何外来刺激的影响和内心杂念所分散，始终把心理活动指向和集中于当前的活动任务上。注意集中的能力是因人而异的，有些人抗干扰的能力很强，对外界事物的影响“视而不见”“听而不闻”；有些人则常为外界事物的影响而分心，抗干扰的能力很差。运动员应根据个人的特点和项目的特点，设计一套适合自己集中注意的方法。下列一些方法，可供运动员选择使用。

1. 视觉守点法。即选择一个固定的视觉目标，对其仔细观察几秒后，闭上眼睛努力回忆被观察对象的形象，如果回忆起来的形象某些地方还不太清楚，就睁开眼睛看看，然后再闭眼回忆，如此反复进行，直到十分清晰地回忆出被观察对象的形象为止。

2. 视觉追踪法。即选择一个活动的物体作为视觉目标进行观察，如注视手表秒针的转动，先看 1 分钟，假如 1 分钟内注意没有离开过秒针，再延长观察时间 2 分钟、3 分钟，等到确定了注意力不离开秒针最长时间后，再按此时间重复三四次，每次间隔 10～15 秒，如果能持续注视 5 分钟而不转移注意力，就是较好的成绩。每天进行几次这种练习，经过一段时间后，便会有良好效果。

3. 意守法。即把注意力集中在所要完成的动作或活动上去，不为外来刺激和内在因素所干扰。如在比赛气氛热烈、紧张、嘈杂的情况下，集中注意于自己的动作要领，排除思想杂念的干扰，把注意力集中到运动器官的活动上去，尤其要善于从焦虑的思考状态中把注意力转移到自身动作的感知上或集中于当前的活动上，也可以把自己的注意力集中于那些即将到来的活动任务或比赛策略上等。

4. 低声发令法。即教练员以极其微弱的、勉强能让运动员听清的声音发出命令，让运动员执行，迫使运动员高度集中注意力。这种方法持续运用的时间不宜太长，一般不超过 3 分钟。

（二）念动训练

念动即由运动观念而引起的运动反应，是通过对运动的想象或回忆来实现的。通过想象或回忆某种运动动作，引起神经肌肉的相应变化，从而达到训练的效果，就叫念动训练。运动训练和比赛中也常见到这种情况：如果飞镖运动员投镖时相信会投中目标分值区，飞镖果真会中；如果担心投不中，果真会不中。所以运动员临场想象成功或失败，会有戏剧性的不同结果。可见，临场确立成功的观念和胜利的观念，对运动员来说是多么重要。

念动训练不仅可以促进技术的形成与巩固，而且能有效地集中注意力，消除心理障碍，增强信心，使运动员从紧张和焦虑中解放出来，振奋精神，斗志昂扬地去参加比赛。如果运动员能在赛前的“一瞬间”想象出自己创造优异成绩的最佳情境，就越能激发运动员情绪的增长，充分发挥自己的运动水平。加拿大心理学博士里·普格斯说：“世界水平的运动员差异极小。”他要求运动员“建立精神学的跑道”来协助运动员的身体训练。他解释说：“对即将来临的比赛集中注意——在脑子里过电影，往往能像身体训练那样帮助运动员。”

教学训练中进行念动训练，必须在形成精确的运动表象的基础上进行。具体做法是运动员在安静和放松的情况下，集中注意力在头脑中想象自己正在进行的某一运动或动作。开始时每天进行 5 分钟，随着控制表象能力的提高，可增加到每天 10～15 分钟。如果正在进行中的动作表象被外界因素打断，应立即停止，再从头开始进行。

教学训练中进行念动训练，既可在练习前进行，也可在练习后和休息期间进行。练习前集中注意力想象将要完成的动作，练习后回想刚完成的动作并用语言描述动作完成情况，然后听教练员的指导意见，训练后的休息期间再回想训练中完成得最成功的动作 3～5 次。

参加比赛时进行念动训练，要求运动员先充分放松，具体做法如下：取坐或半卧姿势，闭上双眼，做几次深呼吸，然后按下列程序把注意力集中到所要做的事情上来。

1. 把注意力集中到指尖或脚掌上，感觉这些部位开始放松，周围发热，逐渐扩及身体其他部位，直到脸部。放松状态保持一段时间，并排除一天的烦扰和操心事。

2. 用想要做的事情的正面形象来填补你的意识，生动地设想如何顺利地参加比赛，想象在比赛中充满信心和取得优异成绩的情景。

3. 建立的形象要尽可能生动、具体、详细。想象自己将以最理想的技术完成动作，设想一下自己的仪表、感觉、行为、语言等，要尽可能想象得更细致些。

4. 充分想象自己在顺利情况下的表现，自己是当时状态的主人，有控制环境的能力，无论如何要达到目的，不要同时去想其他事情，把注意力集中到能充分发挥水平的完整形象上，使思想强烈地聚集于想要达到的目标上。

5. 完全沉浸于最鲜明的想象若干分钟之后，告诉自己：一定要在本次比赛中取得好成绩，自己建立的形象马上就会变成现实。要反复重复这一思想。

6. 最后放松 1~2 分钟，做几次深呼吸，慢慢地睁开眼睛，用一定时间使自己适应周围环境，然后开始正常作业。

（三）意志训练

意志训练在运动员的整个训练过程中占有重要地位，教练员要善于把运动员的意志训练始终如一地、巧妙地安排到教学训练工作中去，采取各种教学训练方法，培养良好的意志品质。

1. 激发运动员的强烈斗志，树立战胜困难的信心。意志行动的显著特点是与克服困难相联系的，任何困难都是相对的，在一定程度上取决于一个人动机的力量，如果运动员能够清楚地意识到自己行动的目的和动机，那么在行动中控制自己的行为就能起到决定性的作用。崇高而远大的社会动机，常能推动一个人动员自己的一切力量，在达到目的过程中与面临的各种困难做顽强不懈的斗争。许多优秀运动员在参加重要的国际比赛中所创造的优异成绩，与“为国争光，振兴中华”的强烈愿望是分不开的。为此，应注意培养和激发运动员的社会责任感，要把运动成绩和祖国的荣誉、民族自豪感结合起来，使运动员充分认识夺金牌、捧奖杯、升国旗、奏国歌对振奋民族精神的巨大意义，从而正确处理好个人与集体的关系，对于运动员的意志培养会带来巨大的动力。

有时运动员有锻炼意志的强烈愿望，但不得其法，教练员应从方法上给予引导。如结合训练和比赛实践去分析意志品质与成功和失败的关系，引导运动员获得克服困难的决心和方法。在运动员因意志品质而造成比赛失败进而感到惋惜和懊丧时，是帮助运动员提高认识的最好时机。除此之外，教学训练中要不断加强目的性教育，激发运动员的强烈斗志，提高运动员的动机水平，使之精神焕发地投入训练中去。无精打采、萎靡不振的行动，是不能锻炼意志的。

在训练中遇到困难时，要帮助运动员树立克服困难的信心。教学训练中经常可以看到运动员试做练习连续失败，便会对完成练习失掉信心，对自己的能力产生怀疑，再继续练习，仍然不能成功。在这种情况下，教练员就不能只是一般地给运动员以鼓励和指示，应该用自己的行动给运动员做出范例，用自己的精神去激励运动员，并鼓励运动员相信自己经过努力也能做到。

2. 采用逐步加大困难的方法进行练习。在意志行动中形成一定的意志努力去克服困难，首先在于下定决心。日常生活中也常有这种情形：当遇到困难而未下定决心时，似乎“一筹莫展”，而一经下定决心，又会觉得“不过如此”。所以，进行克服困难的训练，必须使运动员在困难面前主动下定决心。其次要采用逐步加大困难的方法进行练习。只有采用逐步加大困难的方法，让运动员在练习中做出适当的意志努力，才具有培养意志的作用。过于容易的任务是无助于培养意志的，但困难一旦成为不可克服的东西，运动员便会在困难面前失去信心和斗志。因此，从困难较小的地方开始，逐渐加大难度，可以使运动员看到自己的力量，增强信心，随着困难的逐渐加大和不断克服，意志也就得到了培养和锻炼。

3. 培养运动员的自觉性。在教学训练的各个环节中，加强对运动员要求的严格性，对培养运动员的自觉性、组织性、纪律性具有重要意义。有些教练员由于对运动员要求不严，使运动员在完成练习时心不在焉或无精打采，这对于培养运动员的意志来说是极其有害的。因此当运动员练习时，都应当是力量充沛的，并且要坚持到底，一定要避免萎靡不振、松懈无力的行动和无效果的意志努力，这就要求教练员在教学训练的各个环节，自始至终向运动员提出严格要求。为了严格要求运动员，教练员的行动应该成为运动员的榜样。因为教练员是运动员的领导者与组织者，运动员的行动往往反映着教练员行动的特点。从培养运动员的意志来说，如果教练员的行动萎靡不振、优柔寡断，则运动员也难以有朝气蓬勃、勇往直前的精神；如果教练员从不在困难面前低头，则运动员便会在不知不觉之中学会不妥协、不屈服，坚持忍耐去完成任务。其次，教练员所运用的口令和指示，必须是认真、严肃和坚定的。因为教学训练中对运动员的严格要求，大多是通过教练员的口令和指示的形式实现的，只有做到口令准确，指示明确，才会有良好效果。

4. 发展持久性意志力。为适应比赛的需要，在平日的教学训练中要注意使运动员养成持久性意志力，使运动员既能在长时间内坚持努力奋斗，又能合理地进行自我调整。尤其对于进行一对一的直接对抗项目的运动员来说，能够在疲劳状态下具有顽强、迅速、有力的意志行动是很重要的。在连续训练中运动员十分疲劳、动作连续失败而显得失去信心时，教练员应注意及时给予鼓励和帮助，在比赛不利的情况下，要教育运动员相信"胜利往往来自再坚持一下的努力之中"，在进行耐力训练时巧妙地提醒运动员意志品质的锻炼，往往会有良好效果。

5. 加强道德情感教育。情感是意志行动的强大动力，它能给意志行动以无比助力。情感淡薄的人，既不可能有朝气蓬勃的精神，也不会有再接再厉的决心，更不可能有坚强的意志行动去战胜困难。因此，在教学训练中应注意加强道德情感教育，培养运动员的集体主义感、同志友谊感、人道主义感、义务感、责任感、荣誉感等，这些都是使运动员产生坚强意志与伟大毅力的强大动力。

6. 采用条件信号的方法和提出过渡任务的办法。当运动员开始行动之前，采用条件信号，可以及时动员自己的力量去克服困难，并能抑制防御反射，消除胆怯、迟疑和恐惧心理。条件信号可以采用口令、命令、指示等形式，也可以采用暗中计数或某些条件动作（如跳水前举起臂膀），或者其他信号（如摆小旗、吹哨子等）。这种增强信号与应答性动作之间的条件联系，可以帮助运动员迅速而容易地形成应答性行动，这对于培养运动员勇敢大胆的意志品质是有帮助的。在长时间坚持克服困难的情况下，可以在达到目的的过程中提出过渡任务的办法，对发展运动员的顽强性往往会有良好效果。

7. 采用对抗性训练和必要的惩罚性措施。对抗性练习能激发运动员的自尊心和荣誉感，从而自觉地进行意志努力。惩罚性的训练措施，是以强制的训练方法迫使运动员进行意志努力。对某些意志品质有明显弱点的运动员，应指明所存在的问题，说明这样训练是为了锻炼意志力，以消除其消极对抗情绪。对比赛失败的运动员，采用胜者休息、败者连续比赛的方法，可以促使败者继续努力。此外，还可以采用规定成功率、命中率等有指标的训练，如投几镖，要求中几镖，这样要求完成练习任务，提高投镖的命中率。

8. 针对不同个性特征采取不同措施。运动员意志品质的表现各不相同，有的独立性差、有的顽强性差、有的果断性差等。即使同样顽强性差的运动员，具体表现的方面也不相同。因此，培养意志品质必须针对不同的个性特点，采取不同的具体措施。

意志训练的方法并不限于上述各种，它涉及教学训练过程的各个方面及教练员和运动员之间的具体行动。对于教练员来说，应充分认识意志训练的特点，用自己的实际行动，把运动员的意志训练贯穿到教学训练的各个环节中去。对于运动员来说，一方面应充分认识到锻炼意志的重要性，自觉地进行意志锻炼，加强意志的自我培养；另一方面应认识到训练意志的过程，实际上就是强烈的自我命令和自我动员的过程，在遇到困难时就应自觉地想到：这是锻炼和考验的时候，必须全力以赴去夺取胜利。意志训练能动员出人体内最大的活动潜力，甚至出现预料不到的奇迹。高度集中注意力，便能在训练和比赛中发现自己意志方面所存在的问题，及时提醒自己增强克服困难的信心，去夺取胜利。

（四）自生法训练

自生法训练是一种积极的自己指导自己的心理训练方法，运动员掌握了这种方法，能逐渐产生自动反应能力，当出现紧张状态时，身体会放松，使整个身体和大脑恢复到协调状态。自生法训练最初是由 20 世纪 30 年代德国精神病学家舒尔茨创造出来的，欧洲的诊所广泛地使用这种方法来治疗紧张或压抑造成的各种疾病。目前各国类似这种训练的方法很多，这种方法最初叫作“自我暗示与放松训练”，是舒尔茨到印度对瑜伽术的暗示法进行了调查研究，回国后给病人治病时运用的。他把患者分为给药组和给药加暗示组，经过一个阶段的治疗，发现后者有显著效果，便于 1932 年出版了《自我暗示与放松训练》一书。以后有人又运用这种方法训练舞蹈演员和运动员，皆获得了巨大成功。

下面是这几个练习的总公式：

1. 我感到我的四肢沉重和燥热；

2. 我的心跳和呼吸非常平缓和稳定；

3. 我的胃部柔软和温暖；

4. 我感到前额很凉爽；

5. 我感到极度平静。

大多数人只要重复一两次上面的句子，就能使自己进入愉快、冷静的自然发生状态。不断有规律地使用这些方法，会使这种状态增强，在需要的时候使自己放松和处于最佳状态。为了掌握和巩固这些技术，每天应该练习 2 次，每次 5 分钟。当充分掌握了这些技术后，只要简单地说“四肢沉重，燥热；心跳，呼吸平稳；胃部温暖，柔软；额头凉爽；平静”，就能进入“自然发生状态”。掌握了最基本的自生法，一般都能很快体会到它的效果，使自信心普遍增强，担忧和烦恼减少。

（五）生物反馈训练

生物反馈训练是借助于现代化仪器把机体的生理信息传递给运动员，使其经过反复练习，学会调节自己的生理机能的训练方式。生物反馈训练又称“内脏学习”“自主神经学习”“教育自己的内脏”。这种方法使运动员即刻知道自己的生理功能变化的情况和趋势，做到自己控制自己。比如，运动员在训练或比赛中出现了情绪紧张，必然在生理方面反应出来，特别是植物性神经系统控制的机体部分会发生一系列变化，如心率加快、毛细血管扩张、血压升高等。电子仪器会显示出各种信号，告诉运动员在紧张的情况下一些主要生理机能的反应，使运动员学会控制自己的生理反应，进而消除情绪紧张，这就是“生物反馈”的作用。

生物反馈训练不仅具有调整情绪状态，消除紧张，改善机体各器官系统机能的作用，还可以提高运动感知能力，加速运动技能的形成，校正技术动作使之更为协调。例如，运动员在做动作时，利用肌电仪使运动员在示波器上直接观察肌电图的变化，可以提高运动员的肌肉用力感觉，准确理解完成动作的用力时间和用力强度，从而加速运动技能的形成。在耐力性项目的运动中，使用心率仪使运动员能直接听到自己的心率变化情况，以便调节和控制练习的强度，改进运动技术。但须指出，运动员掌握这种方法，需要经过长期训练，因为它是属于中枢神经系统对植物性神经系统的调节和控制的过程，这绝不是短期训练所能达到的，即使有了“结果的信息”，也不见得就能随意左右这个“结果”。因此，生物反馈训练与放松训练结合进行，就有可能取得较好的训练效果。

第三节 准备比赛心理训练的概述

一、准备比赛心理训练的内涵

运动员准备比赛心理训练，是指结合运动项目的特点，培养和完善运动员完成竞赛任务所具备的心理素质和个性心理品质，学会调节心理状态的各种方法的训练过程。在赛前教练员要教导运动员学会自我培养意志的方法，使运动员学会自我暗示、自我鼓励、自我调节情绪和自我克服困难的方法。当遇到困难时，运动员就会及时进行自我调整，在比赛中发挥意志品质的作用，以便形成和保持最佳的竞技状态。

二、准备比赛心理训练的方法

所谓最佳竞技状态，是指中枢神经系统达到最佳适宜的兴奋程度。从生理学的研究成果来看，包括了许多方面，如营养、睡眠、按摩、水浴、药物等。但运用生理学的这些方法，并不能保证各项运动所需要的适宜兴奋程度，这就迫使人们不得不从心理学方面进行研究。心理训练方法主要是利用语言和表象的刺激来调节中枢神经系统的兴奋性，使之保持最佳竞技状态。具体方法如下：

（一）模拟训练

模拟训练就是针对比赛中可能出现的情况或问题进行反复的实战模

拟练习，为运动员参加比赛做好适应性准备。要做好这一训练，必须对比赛对手、环境条件等方面进行详细的了解和分析，然后根据分析研究的结果来安排训练，使训练内容尽可能与正式比赛过程中可能发生的情况相似，使运动员习惯于比赛的特殊条件，以免被意外情况搞得心烦意乱或焦虑不安。可见，模拟训练的主要作用在于提高运动员临场的适应性，以便在头脑中建立起合理的动力定型结构，使技术在千变万化的特殊情况下能够正常发挥。如果不进行模拟训练，运动员对于意外的、超强度的刺激没有做好相应的应答准备，比赛中就可能会出现连贯性的中断和自动化的消失，使技术不能充分发挥，甚至造成比赛中的失常现象。

模拟训练可分为实景模拟和语言图像模拟两类。实景模拟是设置比赛的情境和条件对运动员进行训练，包括模拟对手可能采用的战术和技巧，场上可能出现的意外情况，比赛地点的气候、场地，观众的倾向性等。语言图像模拟是利用语言或图像描述实际比赛的情境。例如，描述比赛的情境、对手的行为和自己的行动，通过电影、录像及播放录音等来显示对手的特征和比赛的气氛等，以便使运动员形成对比赛情境的前期适应，这对稳定运动员的情绪状态和技术发挥水平是有好处的。模拟训练所包含的内容很广，应根据比赛的实际情况和运动员本人的特点来确定。如提高身体负荷水平的超量模拟训练、提高技术水平的克服各种障碍的模拟训练、提高心理负荷水平的对手特点的模拟训练、反败为胜的模拟训练、裁判偏袒对方的模拟训练、观众情绪影响的模拟训练等。

（二）放松训练

放松训练是运用一定的套语进行导引，使自身肌肉放松，心理平静，从而调节植物性神经系统的机能，使其由强变弱，然后再运用带有一定愿望的套语进行自我动员，使其重新振奋精神，进入最佳竞技状态。运动员学会放松和在心理上保持镇静，对获得优异成绩具有重要作用。运动员由于临场紧张、焦虑而导致失败的实例并不少见。

放松训练的具体步骤如下：

第一阶段：首先学会收缩一个肌肉群，使之保持紧张状态约 10 秒，然后开始放松。可以先从上肢开始，再过渡到面部、颈部、肩部、胸部、背部、腹部、髋部、大腿、小腿等。也可以躺在安静的环境中，把套语录下来放给自己听，在听录音的同时，努力收缩套语中提到的肌肉，然后进行放松。这个阶段一般进行 20~25 分钟。

第二阶段：在不进行任何肌肉收缩活动的情况下，放松身体各部分肌肉。这时要求注意力集中在放松主要肌肉的感觉或情绪上。首先要放松那些通常不紧张的部位，进而再进入那些紧张部位，顺序可以按第一阶段去做，也可以按照自己排定的顺序进行放松。在放松时按套语提示“放松、镇静”，每讲一遍，呼吸一次，这样进行大约 30 次，在默念套语后，应使身体有关部位充分放松。这个阶段需要 10~15 分钟。

第三阶段：主要是默念提示语进行放松。在放松时可以检查自己身上的紧张部位，如果还没有放松，就迅速把紧张消除。最后，应给自己定出一个目标，如三天内每天能放松 5~10 次。

第四阶段：在模拟比赛情况下对引起焦虑因素进行放松。如在比赛时出现的不必要的紧张，要在模拟比赛情况下进行放松训练，使之从模拟过渡到实际比赛，学会只要意识到自身紧张的信号，马上就进行深吸气，慢呼气并默念放松套语，使之立刻出现一种放松反应。

放松能降低大脑的兴奋水平，使运动员从紧张或焦虑不安的状态中解脱出来，但放松的结果，却导致动作的强度、速度、节奏等减慢或降低。因此，在放松之后，必须进行动员，使中枢神经系统重新兴奋起来，使情绪高涨起来，才能进入最佳竞技状态。进行自我动员首先要善于运用想象力，运动员可以想象自己参加比赛时获胜的形象，一定要意识到这种可能的刺激，并确信这次比赛一定能获得成功。可以想象比赛的全过程，也可以想象部分比赛，要尽可能想象出当时的情绪和姿态。其次可以通过收缩身体某一部分的肌肉群来提高运动员的临阵状态水平。例如，握紧拳头、收缩三头肌、绷紧胸大肌、夹紧双臂、咬紧牙关对自己说：“这事极其重要，必须完成它。”也可以默念“加油”“有劲”“力量”“命中”等，把这些富有积极意义的词和与有节奏的身体紧张结合起来，会有助于增加心率和提高临阵状态水平。比如在比赛前加快所做动作的节奏，喊出很大的声音，快速呼吸以及模拟一种最大用力的身体动作，均能起到振奋情绪的作用。

（三）心理诱导法

1. 赛前安定训练。要保证充分睡眠，转移注意力，把注意力转移到与比赛无关的刺激物上去，使运动员的心理获得放松。其手段是多种多样的，如赛前练气功、读有趣的书、进行娱乐或进行正确对待胜负的教育等。

2. 比赛时安定情绪训练。即设法不使比赛的环境条件影响运动员产生异常的心理变化，也不因比赛出乎预料的变化而影响技术的正常发挥。

这就要求做好思想动员工作，让运动员思想上准备好比赛中可能出现的情况。例如，有些教练员播放比赛时的录像让运动员进行训练，以稳定运动员参加比赛时的情绪；有些教练员在训练比赛中做裁判故意错判、误判或偏袒一方等，使运动员准备好应付场上的各种变化。尤其要注意分析临场情况和提出具体切实可行的要求，以免使运动员认识不清比赛环境的变化而紧张使得临场失常。

（四）表象重现法

即运动员在训练或比赛之前，通过回忆重现过去获得成功时的比赛或表演，运用联想尽可能回想起过去获得成功时的身体感觉和情绪状态，这对提高运动成绩和心理调节是有帮助的。因为表象重现是一种积极的意念，它可以间接地使植物性神经系统活跃起来，进而促使心跳加速，呼吸加快，使新陈代谢过程的血流量加大，糖分解加速，热能供应增高，使全身增力情绪增强。所以，通过表象重现，可以促进运动员最佳竞技状态的形成。

（五）表情调节法

即有意识地改变自己面部和姿态的表情。因为情绪状态与外部表情存在着密切而有机的联系，俗话说“情动于中，而形于外”，情绪的产生会引起一系列生理过程的变化，并由此而引起面部、姿态等外部表情。如愉快时兴高采烈、笑容满面、手舞足蹈；愤怒时横眉竖眼、咬牙切齿、紧握双拳；情绪低沉时垂头丧气、肌肉松弛、萎靡无力等。既然情绪状态与外部表情存在着密切而有机的联系，就可以通过改变外部表情的方法而相应地改变情绪状态。例如，当情绪紧张而感到焦虑时，可以有意识地放松面部肌肉，用手轻揉面部，使面部肌肉有一种放松感。当心情沉重或情绪低落时，可以有意识地做出笑脸，强迫自己微笑，如果做不到，可以看看别人的笑脸，或者想一想自己过去最高兴的某件事，也可以想一想自己过去最得心应手的比赛情境，这些都可以调节自己的情绪状态。

（六）心理适应调节法

在运动训练和比赛中，运动员常因受到种种环境条件的影响而导致心理活动发生异常变化。例如，飞镖比赛最后结镖、比赛中临场气氛的变化、对手的情况、观众的情绪等，都可能给运动员的心理活动带来一定的影响，这就需要运动员学会进行心理适应调节，以便排除由于训练或比赛的环境条件变化而引起的异常心理变化。例如在飞镖比赛中，让新手和临场紧张的运动员，先看一段时间的比赛，教练员从旁启示，分析场上情况，同时交代清楚任务，做好心理适应准备再让他们上场比赛。如果不能正常发挥，再替换下来休息，继续观察比赛，使之更加明确自己应该怎样活动，做好心理适应调节后，再上场比赛。即使比赛经验丰富的运动员，有时也会因观众情绪或临场气氛的变化而产生异常心理变化，常采用的措施是先冷静头脑、平复心情，再继续比赛。

1. 活动调节法。情绪的产生不仅能引起一系列生理过程的变化，而且会导致产生相应的情绪兴奋状态。因为大脑的活动与肌肉活动的关系是双向传导的，就是说神经兴奋不仅可以从大脑传至肌肉，而且也可以从肌肉传至大脑。如果肌肉活动积极，从肌肉向大脑传递的冲动就多，大脑的兴奋水平就高，情绪便会高涨。反之，肌肉愈放松，从肌肉向大脑传递的冲动就愈少，大脑的兴奋性就低，情绪便会低落。采用不同速度、强度、幅度、方向和节奏的动作练习，也可以用来调节运动员临场的情绪状态。例如，当情绪过分紧张时，可采用一些强度小、幅度大、速度和节奏慢的动作练习，通过反复练习，可以降低情绪的兴奋性，消除紧张状态。当运动员的情绪低沉时，可采用一些幅度小、强度大、速度和节奏快的变向动作练习，通过反复练习，可以提高情绪的兴奋水平。

2. 音乐调节法。音乐能够影响人的身体和大脑，这一概念早已为人们所接受。例如，人们可以听着催眠曲进入梦乡，唱着歌曲减轻繁重的体力劳动等。研究表明，音乐能使人产生兴奋、镇定、平衡三种情绪状态。音乐给予人的“声波信息”，可以用来消除大脑工作所带来的紧张，也可以帮助人们集中注意力，促使大脑在冥想状态下的工作井然有序。因此，人们喜爱的曲子或一种具有特殊节奏的音乐，可以导致人体的放松而使大脑处于机敏状态。运动员赛前如果有异常的情绪表现（如过分激动或紧张等），听一段有节奏的轻音乐或喜爱的歌曲，往往能得到调节情绪的良好效果。

3. 呼吸调节法。呼吸调节是运动员临场处理情绪波动的一种心理调节方法，即通过深呼吸可以使运动员的情绪波动稳定下来。当情绪紧张、激动时，采用缓慢的呼气和吸气练习，则可达到放松情绪的目的。当情绪低沉时，可以采用长吸气与有力的呼气练习，能提高情绪的兴奋水平。这种方法之所以能奏效，是因为情绪状态与呼吸之间有着必然的联系。

4. 颜色调节法。颜色是视觉刺激物，但通过视觉观看不同的颜色，可以引起其他感觉。由于物体的颜色不同，不仅看上去大小不一样，而且会使人感到冷暖、重量、味道不同。色彩不仅能引起冷暖、重量的感觉，而且有很强的味道表现力。这种由某种感觉引起另一种感觉的现象，心理学上称为“联觉”。色彩的感觉能经常引起联觉现象，联觉现象在很多方面经常得到应用。在运动竞赛中可利用联觉现象调节运动员的心理状态。例如，运动员临场感到太紧张，看些绿、蓝、紫色彩，具有镇静的作用，设法用绿色毛巾擦汗，饮用带绿色的饮料，把运动员带到蓝色环境休息一下，因为蓝色能给人以凉爽的意境，使过度兴奋得到缓解，立即镇静下来。如果运动员临场精神状态不振，则应多给予红色刺激。

5. 暗示调节法。这是用语言、思想或表情对心理活动施加影响的方法。当前很多国家都非常重视暗示调节的研究，它是调节运动员临阵状态的一种行之有效的方法。自我暗示主要是通过第二信号系统的作用来调节大脑的兴奋水平。“默念”是一种有效的自我暗示方法，它能使运动员保持一定的心理稳定状态，临场充分发挥自己的运动水平，不少运动员采用自我暗示的方法，在比赛或表演中获得了成功。例如，有的运动员说：“镇静就是胜利，相信自己的力量，一定会取得胜利。”不仅自我暗示能影响运动员的心理状态，他人暗示有时也能对运动员的心理状态产生影响。例如，有时教练员一个恰当的动作或表情，能对运动员起到潜移默化的鼓舞作用；一个不恰当的动作或表情，会使运动员失掉信心和勇气。

6. 鼓励调节法。即领队或教练员用称赞和忠告的语言对运动员的心理活动施加影响的方法。例如，在比赛中运动员情绪过分紧张时，往往领队或教练员说几句称赞或忠告的话，就能对运动员起到稳定情绪的作用。当然这就要求领队和教练员对运动员的情绪紧张状态善于及时发现，并及时想办法把运动员从紧张状态中解脱出来。例如，教练员指示说：“你的水平我完全知道，现在别的什么都不要想，努力去干吧！”一位领队鼓励运动员说：“如果失败了，是我的责任，努力去干吧！”像上述教练员用肯定的口气和领队用承担责任的口气鼓励运动员，对稳定运动员的情绪，使其从紧张或不安状态中解脱出来，起到良好效果。相反，如果领队和教练员对运动员采用施加压力的方法，会更加剧运动员的紧张和不安。

7. 排尿调节法。运动员临场时的尿频现象，乃是情绪过分紧张的外部表现之一。因为在情绪过分紧张状态下，大脑皮层抑制过程减弱，兴奋过程升高，使得大脑皮层对皮下中枢和植物性神经系统的调节作用减弱。如果比赛前有排尿感觉，会更加影响情绪波动，若能及时排除小便，则会产生情绪上的愉快感，并能使心理和肌肉得到放松。

在选择和运用上述调节心理状态的方法时，应根据运动员的训练水平、比赛经验、意志品质、性格特征、年龄特征以及动机性质等条件，选择适合于运动员特点的方法，经过反复运用，便会收到临场调节心理状态的良好效果。

第四节　飞镖运动员心理训练的常用方法

一、飞镖运动员心理训练的作用

(一) 有助于运动员个性心理特征的形成和发展

通过心理训练能使飞镖运动员稳定地参加比赛，并且能顽强地进行大运动量的训练。飞镖运动员的心理状态是最容易变化的，其变化是受个性心理特征的制约和影响的。因为在极度紧张的条件下，决定飞镖运动员行为特点的最重要的心理因素是个性特征。通过心理训练能够提高个性特征的稳定性，使运动员善于控制自己的心理状态。同时，有组织地影响运动员的心理状态，可以促进运动员个性心理特征的形成和发展。

(二) 有助于运动员迅速、完善地掌握运动技术

在比赛和训练极度紧张的条件下进行心理训练，有助于改善心智能力，使飞镖运动员具有精确的肌肉运动知觉和准确的时间感、节奏感、速度感、距离感以及精确定位能力，在较短的时间内，将注意力集中于投镖动作上，并且对各种不同分数进行合理拆分。

由此可见，心理训练对飞镖运动员心理发展上的重要作用，从而帮助飞镖运动员在比赛中获得优异成绩。人的一切活动都是在心理活动的调节下完成的，要提高工作效率，提高训练质量，也需要遵循人的心理活动规律。在训练中要善于掌握飞镖运动员心理素质发展水平，在传授基本技术和技巧的过程中，要把飞镖运动员心理素质的训练放在重要位置。

二、影响飞镖运动员比赛心理的主要因素

(一) 飞镖比赛特点对飞镖运动员心理的影响

1. 飞镖比赛的集体性。在飞镖集体项目比赛中，同队队员之间投镖分值的高低、落点的偏差、应该结镖而没有结镖、拆分意图发生分歧

等，均可导致同队队员之间产生消极埋怨的情绪。

2. 飞镖比赛的礼节性。飞镖比赛是一种绅士运动，投镖时要保持安静。飞镖比赛中对手队员暗施小动作、故意拖延时间或语言干扰等，都可能引起运动员情绪的波动，影响注意力的集中。

3. 飞镖比赛的时间性。飞镖比赛不仅规定了每场比赛的局数，而且规定了每镖投掷的时间，任何一个飞镖运动员，都难以避免来自对场上分数和比赛时限的焦虑。尤其是在决胜镖的关键时刻，一次投镖的失误，可能导致整个比赛的失败，此时运动员心理上所承受的压力可想而知。

（二）外在因素对飞镖运动员心理的影响

1. 比赛的性质不同，对运动员心理的影响也不同。诸如锦标赛、全国联赛、全运会赛、国际重大比赛等，比赛的输赢关乎省市或国家的荣誉，运动员会因感到责任重大而导致心理压力倍增进而产生过分紧张的心理。

2. 领导、教练员的影响。赛前领导提出的任务或指标过高，教练员对运动员的过失予以不恰当的批评，都会给运动员造成精神压力和心理上的负担。

3. 观众和噪声的影响。观众大多带有倾向性，一味地为自己喜爱的运动员呐喊助威，而对其他运动员过于冷淡，甚至起哄谩骂、聒噪干扰。这不仅会引起其他运动员的烦躁，还会使其感到极大的压抑乃至情绪失控。

4. 比赛日程安排和场地器材的影响。对比赛场地的镖靶、镖道和灯光等感到不习惯，赛程安排时间太长，运动员感到疲劳等，都可能诱发运动员产生不良的心理反应。

三、飞镖运动员心理训练的常用方法

（一）放松训练法

放松训练法是以一定的自我暗示套语调节和集中注意，使肌肉得到充分放松的方法。队员在比赛时经常由于紧张、焦虑而导致动作变形，影响技术水平的发挥。所以队员在比赛中使自己放松，并在心理上保持稳定，对获得优异成绩是十分重要的。可以采用意念放松法来进行放松，暗示的语句有："我很安静""全身放松""我呼吸顺畅""我轻松极了"。但运用此方法的前提是学会或掌握了这种方法，比赛时才能达到一定的效果。

（二）想象训练法

想象训练法是队员有意识地在头脑中重现已经形成的正确的技术动作和拆分技巧，并应用于实践中去的方法。通过想象训练，能够减少队员的焦虑，提高运动能力和更有效地对付各种应急情况的发生。比如说在投镖时，可以想象正确的投掷步骤、飞镖飞行轨迹等情景，来提高投掷飞镖的准确率。也可以在赛前想象一下胜利的情景，从而树立胜利的信心等。

（三）自我暗示训练法

自我暗示训练法是用词语、语言等刺激物对自己的心理施加影响，使其产生良好的状态的一种心理训练方法。自我暗示的目的是调整自己的心境、情绪和意志过程，提高运动能力。比如说在投掷飞镖时，心里默念"我一定要投到某个分值区"，同时利用平时训练的技术动作，来完成这个任务。或者想象一次成功的结镖过程（瞄准—后移—加速—释放—随势动作）等。

（四）集中注意力训练法

集中注意力训练法是全神贯注于一个确定的目标，不为其他念头或干扰而分散注意力的一种训练方法。运动员注意力的集中非常重要，在比赛中运动员注意力稍有分散，就会降低动作的准确率。比如说在日常生活中养成办事有头有尾，不要见异思迁的习惯。在比赛中忘掉各种干扰的环境因素，不要过多地考虑比赛的胜负和名次，而是集中精力思考如何投好每一支镖等。

（五）目标设置训练法

目标设置训练法是指教练员提出的目标，应是运动员经过努力即可达到的，从而增强运动员的自信心的一种方法。在运动员参加比赛前，教练员或领导向队员提出的目标和要求应该是合理的，即不应超越平时的最佳训练水平，因为运动员的自信往往是建立在平时实力水平的基础上的，如果提出的目标和要求过高，就会对运动员的心理产生不好的影响。而且当目标一旦实现，就要立即配合强化措施，即对成功给予奖励。自信心的增强就是成功的表现，对每次成功要及时给予奖励，并进而提出新的目标，会大大增强自信心。

（六）适应训练法

适应训练法就是让赛前训练环境尽量接近于比赛实际。进行这一练习前必须广泛收集有关比赛的时间、场地、比赛对手及观众等方面的信息，再根据飞镖运动员的个性心理特征，合理地安排有针对性的训练内容。练习的内容尽可能与所要面临的比赛过程相似，力求使飞镖运动员的心理状态同比赛现场的客观条件相适应，并要因人而异地采用训练形式。

（七）自我语言诱导训练法

自我语言诱导法是调整自己在比赛中的情绪波动，即通过某些规范的语言自我鼓励、自我抑制、自我纠正。如对比赛信心不足时，则自我鼓励，“我一定能做到，胜利一定属于我”。当比赛出现情绪紧张、急躁的时候，要自我抑制，“要镇定，我不比对手差，我有信心战胜对手”。当比赛中因失误一两次产生埋怨情绪时，则自我纠正，如“稳住，失误一两次没关系”等，运动员要随着客观情况变化而相应进行自我应变。

（八）应激控制训练法

应激控制训练亦称“认知—情感控制应激训练”是一种主动减少个体焦虑情绪的控制技术。比赛前飞镖运动员会有不同程度的不安情绪，依赖性强、希望别人指出怎样行动的运动员实在不少。在这种情况下，教练员或队友给予鼓励和指导性的语言，对克服不安情绪是有效的。教练员的几句话能把运动员从紧张的精神中解脱出来，教练员的言行举止都对运动员起着潜移默化的暗示作用。尤其临近比赛的时候，教练员充满信心的语言特别重要，说话的语气、姿势要尽量和蔼可亲，要给人以信心和力量。例如对飞镖运动员说：“你的水平我知道，好好干吧！什么也不要多想。”并鼓励运动员说：“如果失败了也不要紧，你只要尽力而为。”虽然是简短的语言暗示，但会使运动员恢复精神上的安定，减少比赛前的压力和紧张，从而使飞镖运动员在比赛中更好地发挥技术水平，达到理想的目标。

【思考题】

1. 简述运动员心理训练的内涵。
2. 运动员一般心理训练的方法有哪些？
3. 运动员准备比赛心理训练的方法有哪些？
4. 飞镖运动员心理训练的常用方法有哪些？

第十一章　飞镖运动员营养、损伤与防护

【名人名言】 一个埋头脑力劳动的人，如果不经常活动四肢，那是一件极其痛苦的事情。——列夫·托尔斯泰

【学习目标】 通过本章的学习，了解飞镖运动员的合理营养与能量代谢之间的联系，了解易受伤部位，掌握预防受伤与受伤后的处理方法，使运动员在飞镖运动中更好保护自己。

第一节　飞镖运动员的合理营养

一、飞镖运动员的营养基础

（一）糖的供给

由于飞镖比赛持续的时间较长，有大量的能量在逐渐消耗，因此要及时补充能量。糖类是维持运动期间血糖和肌糖原恢复的重要元素，依照飞镖运动员供能系统的特点，能量供应主要来源于糖的有氧和无氧代谢，充足糖原的储备对运动员训练和比赛中体能的发挥非常重要。因此，对飞镖运动员的营养补充，重要的能量物质就是糖。

在各种糖类中以葡萄糖的吸收速度最快，有利于肌糖原的合成，但容易引起胰岛素分泌过多，从而使乳酸增加，加快疲劳的产生。果糖的吸收速度比葡萄糖慢，但是有利于肝糖原的合成，其合成量是葡萄糖的3.7倍，并且引起胰岛素分泌的作用小，在运动或比赛前、中、后期均可补充，但过量摄入容易引起肠胃紊乱。研究表明将葡萄糖和果糖联合使用效果最佳。

（二）蛋白质的供给

蛋白质是一切生命的物质基础，是人体必需的营养物质，是人体组

织更新和修复的主要原料。肌肉收缩、氧的运输、神经系统的兴奋传递等都与蛋白质有关。飞镖运动员对于蛋白质的需求大于常人，为2.3~2.4g每公斤体重，但蛋白质的摄入也不能过多，多余的蛋白质会加重肝、肾的负担，也会造成血氨增高，使人疲劳，导致运动能力的下降。在训练和比赛后补充一定量的蛋白质有益于运动后肌肉蛋白的修复和合成，加快因运动造成的肌纤维破损的修复。蛋白质的摄入应以植物性蛋白为主，辅助少量动物性蛋白。

（三）脂肪的供给

脂肪是人体必需的营养物质，也是机体内含能量最多的物质，具有保护机体各组织器官、构成机体某些组织结构等功能，是长时间、低强度时的主要能源，并且能够促进脂溶性维生素的吸收和利用。人体每天的脂肪摄入量是总热量的17%~20%，不超过30%。脂肪摄入过多会降低肌肉做功的能力，从而影响运动员的运动能力。飞镖运动时间长，脂肪代谢供能的增加会导致肝脏浸润，故飞镖运动员应减少脂肪的摄入，尤其是饱和脂肪的摄入，以减少肝脏的脂肪浸润，增加肝糖原的储备。

（四）维生素的供给

维生素在体内多数构成酶的辅酶参与体内的能量代谢与激素合成，促进伤口愈合及抗氧化。维生素有脂溶性与水溶性两类。

脂溶性维生素有维生素A、维生素D、维生素E、维生素K四种。维生素A主要促进生长发育，维持正常视力；维生素D主要促进钙和磷的吸收和利用；维生素E保护红细胞和肌细胞的正常结构与功能；维生素K主要有促进血液正常凝固的作用。动物的肝脏、全奶及黄、绿色的蔬菜和水果中含有丰富的维生素A、维生素D、维生素E和维生素K。

水溶性维生素有维生素B_1、维生素B_2、维生素B_6、维生素B_{12}和维生素C。其中维生素B_1和维生素B_2，能促进糖代谢和提高食欲，维生素B_6能促进蛋白质代谢，维生素B_{12}可促进红细胞的生成。维生素C具有提高三磷酸腺苷的活性、延长红细胞寿命和提高运动员耐力水平的作用。维生素C主要来源于新鲜蔬菜和水果，但易受储存和烹调的影响，宜生食。

（五）矿物质的供给

矿物质是构成人体组织和维持正常生理功能必需的七大营养素之一，根据人体每天矿物质的所需量，将其分为常量元素和微量元素。含量较多的有钙、磷、钾、钠、氯、硫、镁七种，称为常量元素；含量较少的铁、碘、氟等统称为微量元素。无机盐对人体十分重要，其作用为构成肌体组织、调节生理机能、维持正常的代谢。在飞镖运动中，钠、钾、钙、镁对维持细胞内外的容量、渗透压、酸碱平衡和神经肌肉兴奋性有重要作用。

二、飞镖运动员的热能代谢

（一）基础代谢

基础代谢是指人体在清醒、静卧、空腹和环境温度 20 摄氏度的条件下的热能消耗，即用于维持最基本生命活动所消耗的最低限度的能量。通常用基础代谢率（BMR）表示。它有两种常用的单位：一种是以千卡/体重(千克)·小时表示，另一种是以千卡/体表面积(平方米)·小时表示。如体重为 70 千克的成年男女飞镖运动员，每昼夜的基础代谢率应为：男子 1(千克)×70(千克)×24(小时)= 1680 千卡；女子 0.99(千克)×70(千克)×24(小时)= 1663.2 千卡。

（二）训练或比赛的热能代谢

训练或比赛的热能消耗量主要取决于训练的强度、频率和持续时间三大要素，也受运动员的体重、年龄、营养状况、训练水平、精神状态及训练或比赛时投入用力程度等因素的影响。一般来说每天训练的热能消耗量为 600~2600 千卡，多数在 1000 千卡以上，约占一天总能耗的 40%。

（三）训练以外的热能代谢

飞镖运动员训练以外的热能代谢率较低，如学习，娱乐活动等，一般消耗 400~500 千卡，占一天总能耗的 10%~15%。

（四）食物的特殊动力

由于进食而引起机体能量代谢额外增加的现象，称为食物的特殊动力作用，是被吸收的食物成分在肝内代谢的结果。蛋白质在食物中特殊动力作用最大。食物的特殊动力作用与进食的总热量无关，而与食物的种类有关。进食糖与脂肪对代谢的影响较小，大约分别是基础代谢的6%和4%，持续时间一小时左右。进食混合性食物约为10%。进食蛋白质对代谢的影响较大，可达基础的30%，持续时间也较长，有的可达10~20小时。食物特殊动力作用的机理，是食物在消化、吸收和代谢过程中的耗能现象。

三、飞镖运动员的营养特点

膳食供应要丰富，营养要全面，要保证消耗能量后的补充，三大能源物质的比例应符合飞镖运动供能特点。每天膳食中三大营养素大致为糖占55%，脂肪占25%，蛋白质占20%。膳食供应中，糖应是易消化的，飞镖运动员能量来源主要依靠磷酸元和糖酵解系统供能。蛋白质应选用优质蛋白，其中动物蛋白应占60%，以促进肌肉生长、组织修复，提高肌肉力量，并促进能量代谢有关酶的生成。为增加体内的碱储备，以缓冲酸性代谢物的影响，应当多吃新鲜蔬菜、水果等碱性食物。

四、飞镖运动员比赛期的营养特点

（一）比赛前期的营养

赛前饮食可以为运动肌肉提供能量和液体，还可以帮助运动员在一场关键的比赛中做好精神上的准备。离比赛时间越长摄入食物的量应越多，而且较多应为瘦肉。离比赛时间越近，摄入食物体积就应该越小。来自水果、蔬菜和谷类物的碳水化合物，是飞镖运动员的最基本能量来源。因此，可以将这些食物组成赛前餐的主要部分。

（二）比赛期间的营养

在比赛期间，为了增加能量和体力，应吃高碳水化合物膳食，即选择高碳水化合物且低脂肪的食物；要给消化食物留出足够的时间，胃里若有过多食物则会与活动的肌肉争夺血液供应，影响肌肉做功，赛前一餐在比赛前3.5小时完成；液体食物比固体食物在胃里停留时间较短，因此更容易被吸收。要吃自己习惯的膳食种类，这样可以防止胃不适、消化不良或腹泻等；要摄入足够液体，即含电解质的饮料，因为当身体缺水时，就会感到疲劳，体力下降，不能集中精力完成比赛。

（三）比赛期后的营养

运动员在比赛中消耗了很多能量，因此必须吃高碳水化合物，弥补消耗的能量。赛后补充千万别延迟，必须立即着手体力恢复，进食碳水化合物的食品和饮料，应在赛后尽可能早地开始。赛后第一餐应安排在比赛结束30分钟后，注意选择高碳水化合物饮食，吃适量易吸收的蛋白质食物。

五、不同环境下飞镖运动员营养特点

（一）寒冷环境下的营养特点

在寒冷的环境下，由于体热较易散发、代谢率增加、热能消耗大，因此，运动员膳食中热源物质的量有所提高，应适当增加肉类，以保持能量平衡。运动员对维生素 C、维生素 B_1、维生素 B_2、维生素 E 等需求量增加，维生素 C 和维生素 B_1 每日可增加 30%~50%，维生素 B_2 可增加 2~4 毫克，维生素 E 可增加 50 毫克，它们能促进能量代谢和激素分泌。此外，在供给的饮料中，糖浓度可增加至 15%。

（二）炎热环境下的营养特点

在炎热环境下，由于环境温度较高，导致运动员热能代谢率增加，出汗率增加，体内的微量元素（如钾、钠等和维生素）不同程度地受到损失，运动员的食物中枢兴奋降低，唾液、胃液及胰液等消化液分泌减少。因此对运动员的膳食安排和调配应多样化，餐前可备些冷饮、菜汤、绿豆汤类以解除饮水中枢兴奋，促进食欲。

第二节　飞镖运动员常见运动性病症

一、过度训练

（一）原因

1. 训练安排不科学。训练缺乏明显的节奏，大运动量负荷训练后没有相应的放松和整理，身体疲劳还未进一步恢复，肌肉乳酸还没有

完全代谢，在短时间内就进行下一次大运动量训练，形成疲劳的连续累积。

2. 训练不系统连续。对运动员机体的整体发展不够，过分强调专项素质和专项技能；或是训练没有连续性和可持续性，有伤病时不练，伤病情况稍有好转就过度练习。由于伤病引起的机体机能下降并未充分恢复，因此容易发生由于运动量过大，对运动员形成的二次伤害。

（二）征象及表现

过度训练在不同人身上会有不同的生理、心理反应，但不外乎出现以下几种状态。

1. 静止心跳比以往平均高 3~5 下。

2. 运动表现下降，对比赛兴趣缺乏。

3. 对训练开始感到懒散与消极。

4. 情绪起伏变大，易怒或忧郁。

5. 饮食习惯改变，如食欲下降、暴饮暴食、嗜吃甜食。

6. 有感冒、过敏性皮肤炎、青春痘等免疫系统失调症状。

7. 睡眠品质下降，如失眠、噩梦或嗜睡。

8. 持续性受伤。

9. 肌肉持续酸、痛或有肿胀感，即使休息 2~3 天以上还是无法恢复。

10. 女运动员月经不调。

（三）处理方法

1. 调整训练量和训练强度。初练者投镖动作不正确，忽略了自身的条件，以致练过了头。初练者必须遵循循序渐进的原则，训练量和训练强度要逐渐加大，且不可冒进。过度训练后要降低训练量和训练强度，进行调整性训练。

2. 加强训练后的恢复措施。训练后应加强蛋白质的补充（日均量以每公斤体重 1.5 克为好），保证充足的睡眠时间，加强微量元素及矿物质的补充，可多吃一些新鲜的蔬菜和水果，还可口服一些维生素制剂。训练后进行按摩和心理诱导等，消除疲劳，促进身体恢复。

3. 加强医务监控和自我保护。大量运动后身体未恢复不进行训练。

加强训练后的放松练习。注意环境、气候、生物节律变化对机体的影响。

二、运动性疲劳

（一）原因

运动性疲劳是指运动引起的肌肉最大收缩或者最大输出功率暂时性下降的生理现象。由于运动性疲劳产生的机制尚未有权威性的界定，从而引起疲劳的具体原因也一直处于模糊状态。在确定消除疲劳的方法前，必须先对疲劳形式做一个诊断，在确定具体的疲劳形式之后，才能做出“有的放矢”的适当措施，快速、有效地消除疲劳。通常要对骨骼肌系统疲劳、心血管系统疲劳、神经系统疲劳进行诊断。

（二）征象及表现

由于运动量不同，每个人情况不一样，产生的疲劳也有不同程度之分。一般将疲劳分成三个层次：轻度、中度和重度疲劳。运动后产生疲劳感是正常的。轻度疲劳可以在短时间内消除；中度疲劳通过采取一系列手段也能很快消除，不会影响身体；但如果重度疲劳不能及时消除，就会影响学习和生活，损伤身体。具体有以下几种表现。

1. 肌肉疲劳：肌肉力量下降，收缩速度放慢，肌肉出现僵硬、肿胀和疼痛，动作慢、不协调。

2. 神经疲劳：反应迟钝，判断错误，注意力不集中。

3. 内脏疲劳：呼吸变浅变快、心跳加快等。

（三）处理方法

1. 整理活动。整理活动是消除疲劳，促进体力恢复的一种良好方法。投镖训练、比赛后进行整理活动，使肌肉放松，可避免由于局部循环障碍而影响代谢过程。

2. 温水浴。训练后进行温水淋浴是最简单易行的消除疲劳方法。温水浴可促进全身的血液循环，加强新陈代谢，有利于机体内营养物质的运输和疲劳物质的排除，水温以40℃~44℃为宜。

3. 吸氧。高压氧可使血氧含量增加，血液二氧化碳浓度下降，pH上升，提高组织氧的储备量，对训练引起的极度疲劳、肌肉酸痛僵硬、酸碱平衡失调等有明显疗效。

4. 负氧离子。负氧离子加播放音乐有消除机体疲劳的作用，还有提高背肌肌力、改善心肺功能、提高血红蛋白浓度等作用。

5. 心理恢复。通过调节大脑皮层的机能达到消除疲劳的目的，意念、心理暗示等都有很好的效果。

三、运动中腹痛

（一）原因

运动前饮食过饱，喝了大量的水或碳酸性饮料，吃了有刺激性、难消化的食物或者空腹运动，使胃肠受机械牵引容易引起胃肠道痉挛，产生腹部疼痛。

1. 胃肠痉挛。运动时胃肠发生疼痛，轻则钝痛、胀痛，重则阵发性绞痛。其疼痛部位多在脐周及上腹部。发生这类腹痛时可在腹部热敷，以缓解痉挛。预防这类腹痛的方法主要是运动前别吃得过饱，别吃易产气的食物（如豆类、薯类及冷饮）。

2. 女运动员在月经期间引起的腹部疼痛。

（二）征象及表现

腹痛是临床上最常见的症状之一，其原因极为复杂，不单是由于运动引起了机能失调和肝脾淤血等，还可能有各种腹部内科疾患，例如可能是由于慢性疾病因激烈运动而导致急性发作，或由于运动时发生了急腹症等，因此需要认真对待，及时鉴别诊断，妥善处理，防止意外。

内脏器官不适应运动中剧烈的变化而引起的腹痛。准备活动不充分，开始运动时运动量过大，内脏器官的功能还没有提高到应有的运动水平就加大运动强度。预防这类运动性腹痛的关键是运动前要做充分的准备活动，使内脏器官适应。

（三）处理方法

1. 运动中出现腹痛不应惊慌，应当加强深呼吸，调整呼吸和运动节奏。

2. 热敷腹痛部位，或局部给以按摩，用揉、按压、做背伸动作，拉长腹肌。

3. 如腹痛持续或者腹部摸上去呈“木板状”，考虑有腹膜炎体征，应紧急送医院检查诊治。

四、肌肉酸痛

（一）原因

在投镖时不仅进行有氧呼吸，还进行无氧呼吸，无氧呼吸产生的产物是乳酸，而乳酸显酸性，人体又对乳酸吸收相对缓慢，大部分遗留在体内，故肌肉会感觉酸痛。

（二）征象及表现

投镖运动后出现的肌肉酸痛现象，主要表现为投掷臂、支撑腿的疼痛，疼痛性质可多样，疼痛时间也可呈间歇性或者持续性，甚至会牵扯其他部位的酸痛。

（三）处理方法

1. 根据不同体质、不同健康状况科学地安排肌肉锻炼负荷。

2. 锻炼时，尽量避免长时间集中练习身体某一部位，以免局部肌肉负担过重。

3. 准备活动中，应对即将练习时负荷重的局部肌肉活动得更充分。

4. 整理运动除进行一般性放松练习外，还应重视进行肌肉的伸展牵拉练习，这有助于预防局部肌纤维痉挛。

5. 对酸痛局部进行静力牵拉练习，保持伸展状态 2 分钟，然后休息 1 分钟，重复进行，每天做几次这种伸展牵拉练习有助于缓解肌肉痉挛。

6. 口服维生素 C 有促进结缔组织中胶原合成的作用，有助于加速受损组织的修复和缓解酸痛。经常参加运动的人比普通人更需要补充维生素，这是因为充足的维生素供应不仅能提高运动效果、预防运动性疾病，还能使肌肉得到充分的恢复和休息。

五、肌肉痉挛

（一）原因

1. 寒冷刺激。在寒冷的环境中练习、准备活动不充分，都容易引起手部和腿部抽筋。

2. 肌肉收缩过快。投镖时投掷臂肌肉收缩比较快，放松的时间特别短，手臂疲劳。

3. 支撑腿长时间支撑。由于支撑腿长时间站立，代谢产物乳酸增加，肌肉的收缩与放松很难协调好，导致小腿肌肉痉挛。

4. 疲劳过度。由于飞镖训练和比赛持续的时间较长，尤其是比赛期间，多局数、多轮次的比赛，90%的体重都集中在支撑腿上，当疲劳到一定程度的时候，就会发生腿抽筋。

5. 缺钙。在肌肉收缩过程中钙离子起着重要作用。当血液中钙离子浓度太低时，肌肉容易兴奋而痉挛。青少年生长发育迅速，容易缺钙，因此就常发生腿部抽筋。

（二）征象及表现

局部肌肉痉挛，如投掷臂痉挛、手指痉挛、支撑腿痉挛等。以上痉挛的时间可为几秒或数分钟，严重者达数分钟或反复发作。

（三）处理方法

1. 急性期的处理。痉挛发生时患者须即刻休息，对痉挛的部位轻轻按摩，并将痉挛部位的肌肉轻轻拉长。当将肌肉拉长时，会使肌腱的张力增加，当张力达到某一强度时，神经会将冲动传至大脑，大脑为了避免肌腱受伤会释放信息放松痉挛的肌肉。拉长肌肉时不可用力过猛，以免拉伤肌肉造成二次伤 。短时间的肌肉痉挛，经过处理后即可回到比赛场。若肌肉痉挛的时间很长，则可使用热敷或冷敷的办法来减轻疼痛，或局部喷洒或擦一些松筋止痛的药水或药膏。再次发生痉挛，则必须停止活动，补充水和电解质。

2. 治本的处理。痉挛者必须先了解自己的饮食习惯、运动量对痉挛部位的影响，不同镖手发生痉挛的原因可能是不同的，找出痉挛的原因，针对原因做预防，方能解决抽筋的问题。

第三节　飞镖运动员技术性损伤

一、运动损伤的原因

（一）思想麻痹大意

思想麻痹大意是出现运动性损伤的主观原因。包括对预防损伤的意识不足；预防措施不力；好胜好奇，盲目和冒失地进行练习。

（二）准备活动不当

准备活动不当是造成运动性损伤的重要原因之一。包括不做准备活动或准备活动不充分；没有根据专项运动特点进行准备活动，使机体未能进入工作状态；准备活动的量过大，身体在进入正式运动前已感到疲劳；准备活动与正式活动之间的间隔时间过长。

（三）技术上的缺点和错误

技术动作的不正确，往往使局部用力过大造成损伤。

（四）运动训练的计划安排不合理

运动负荷过大、身体过于疲劳、长期局部运动负担过重、不能根据身体机能状态及时调整锻炼计划都会造成运动性损伤。

（五）组织安排不严密

在进行飞镖活动时如果组织安排不严密，就会出现拥挤混乱的情况而造成伤害；因场地、器材、时间安排不当也会发生意外事故。

二、技术性损伤的种类及防护

（一）膝关节韧带损伤

1. 概述

膝关节韧带抗拉力强，具有一定的弹性，其功能为维持关节的稳定，并限制其超越生理范围的活动。牵拉韧带超过其耐受时，即发生韧带损伤。临床表现为局部肿痛、压痛或关节不稳定。

2. 征象及表现

韧带损伤后一般均有小血管破裂而出血，局部疼痛、肿胀，组织内出血、血肿、关节肿胀，活动障碍，压痛，关节稳定性下降。

3. 处理方法

（1）膝关节韧带损伤，可以保守治疗，24 小时内用冰敷处理，24 小时后用热敷处理。

（2）加强膝关节韧带力量练习，如做半蹬起练习。

（二）髌骨劳损

1. 概述

髌骨劳损指髌骨软骨面及其相对的关节软骨面因慢性损伤后，形成髌骨骨关节炎症的一种退行性疾病。由于飞镖训练与比赛需长时间站立，给膝关节造成了负担。

2. 征象及表现

初期开始活动时局部酸痛，活动后减轻，活动结束经一段休息后又加重，没有明确的固定疼痛部位，上下楼梯有明显"膝软"的感觉，严重时关节内积液肿胀。

3. 处理方法

（1）在受伤初期应减少剧烈活动和下蹲以保护膝关节，24 小时内要避免热敷，是冷处理最佳时机，应对受伤局部加以冰敷。

（2）对于陈旧性膝关节劳损应加以热敷，按摩肌肉和韧带。加强股四头肌和股二头肌等大腿肌肉的力量，以不出现疼痛为度。为了不让肌肉过于疲劳，可以加强膝关节的稳固性，如静力半蹲。当出现疼痛时说明运动过度，需要立即停止。

（3）按摩可配合物理治疗，如使用电脑中频治疗仪，增加效果。

（三）半月板损伤

1. 概述

半月板损伤是膝部最常见的损伤之一。半月板位于胫骨关节面上，有内侧和外侧半月形状骨。内侧半月板呈"C"形，前角附着于前十字韧带附着点之前，后角附着于胫骨髁间隆起和后十字韧带附着点之间，其外缘中部与内侧副韧带紧密相连。外侧半月板呈“O”形，其前角附着于前十字韧带附着点之前，后角附着于内侧半月板后角之前，其外缘与外侧副韧带不相连，其活动度较内侧半月板为大。

2. 征象及表现

半月板损伤给患者的活动带来了极大的障碍，如果其关节板损伤严重，那么连小腿转动都会困难。急性期膝关节有明显疼痛、肿胀和积液，关节屈伸活动障碍，急性期过后，肿胀和积液可自行消退，但活动时关节仍有疼痛，上下楼时疼痛更明显，严重者可导致跛行或屈伸功能障碍。

3. 处理方法

（1）半月板损伤急性期

半月板损伤急性创伤期一般为伤后 3~5 天，这个时期应该对膝关节进行足量的冰敷，一般以冰水混合物直接覆于关节皮肤表面，15~20 分钟/次，3~5 次/天，这是有效消除关节肿胀的方法。同时，减少行走的时间或使用护膝也可以起到保护作用。此时期内严禁热敷、按摩、过量活动。

（2）半月板损伤急性期后处理方法

如果在急性期保护处置得当，那么关节肿胀将被有效遏制，如关节在活动前后已无明显疼痛感，可以在晚间休息前给予关节适当的热敷处理，此时如有条件可以在医院选择超短波、短波等具有较深穿透性的理疗方式强化消肿止痛。当肿胀得到基本控制且疼痛感不复存在时，开始以最为安全有效的静蹲作为力量练习，增强关节稳定性，保证关节运动不对损伤的半月板造成伤害。

（3）半月板损伤恢复期处理方法

当力量逐渐恢复至接近正常水平时，可以酌情循序渐进地恢复一般强度的体育锻炼，直至恢复较高强度运动训练。在整个恢复期力量训练的过程中，应以无痛作为基本原则，只有无痛才能防止练习中出现对关节的重复损伤。如果在练习中出现疼痛感，应以急性期的处理方法进行冰敷。

（四）踝关节损伤

1. 概述

在飞镖训练和比赛中，由于支撑腿长时间保持固定的姿势，容易引起踝关节周围软组织如关节囊、韧带、肌腱等损伤，称为踝关节损伤。

2. 征象及表现

踝关节损伤表现为踝关节周围的韧带、肌腱与肌肉有酸胀、麻木、不舒服的感觉，严重者表现为支撑腿踝关节无力，站立不稳。

3. 处理方法

（1）要避免继续站立或行走，切忌由同伴按揉踝关节。

（2）用冷水或冷毛巾外敷并抬高患肢。此时冷敷能使血管收缩，减轻局部充血，降低组织温度，起到止血、消肿、镇痛的作用。因此在急性扭伤后，应施行局部冷敷，并且越早越好。抬高患肢可加快血液回流，不至于使血液淤积于血管损伤处。

（3）将冷水浸泡过的毛巾放于伤处，每 3 分钟左右更换一次，也可以用冰块装入塑料袋内进行外敷，每次 20～30 分钟。夏季则可用自来水冲洗，冲洗时间在 4～5 分钟，不宜太长。

（4）24 小时后应改用热敷疗法，热敷能改善血液和淋巴循环，有利于伤处淤血和渗出液的吸收。热敷是将热水或热醋浸泡过的毛巾放于伤处，5～10 分钟后毛巾已无热感时进行更换。每天进行 1～2 次，每次热敷约 30 分钟即可。

（五）腕关节疼痛

1. 概述

在飞镖训练和比赛中，投掷臂长时间投掷飞镖，不断鞭打手腕，由于用力过猛和动作不当，容易引起腕关节周围软组织发生损伤，产生腕关节疼痛。

2. 征象及表现

腕关节疼痛表现为腕关节周围的关节囊、韧带、肌腱与肌肉出现疲劳，有酸疼麻木、不舒服的感觉，严重者表现为投掷臂腕关节无力，投出飞镖速度慢，产生脱靶现象。

3. 处理方法

（1）避免继续负重，切忌由同伴捏揉腕关节。

（2）用冷水或冷毛巾外敷腕关节，每 3 分钟左右更换一次，也可以将冰块装入塑料袋内进行外敷，每次 15~20 分钟。夏季则可用自来水冲洗，冲洗时间在 4~5 分钟。冷敷能使血管收缩，减轻局部充血，降低组织温度，起到止血、消肿、镇痛的作用。因此在急性扭伤后，应施行局部冷敷，并且越早越好。

（3）24 小时后将热水浸泡过的毛巾放于伤处，5~8 分钟后进行更换。每天进行 1~2 次，每次热敷 20 分钟左右。

第四节　飞镖运动员肌肉损伤的康复疗法

一、飞镖运动员前臂肌肉损伤的康复方法

投掷飞镖时，因投掷侧手臂长时间重复同一屈伸动作，导致投掷臂酸痛，特别是前臂内侧屈肌和前臂伸肌。

前臂内侧屈肌是指其位于前臂与手臂同侧的 10 块小肌肉。尺侧腕屈肌：在尺侧腕屈肌的激痛点所对应的转移模式部位，在手腕边的尺骨处。桡侧腕屈肌：触痛点入及手腕，类似腕道症候群关联的手腕疼痛。

前臂伸肌主要指桡侧腕长伸肌和桡侧腕短伸肌。桡侧腕长伸肌：在桡侧腕长伸肌的激痛点所对应的转移模式部位，在侧面上髁，次要的激痛点是在虎口的部位，重则可引起虎口肿胀。桡侧腕短伸肌：在桡侧伸腕短肌的激痛点所对应的转移模式部位，在手腕后背部。

经常练习下面几个动作，有助于前臂肌肉损伤的康复和提高手臂肌肉群的灵敏性，也能有效预防相关损伤。

（一）前臂屈肌群主动软组织放松练习

1. 屈曲腕关节和手指关节，用另一侧手接触手臂的前侧，找到手腕及指屈肌肌腹。保持腕关节屈曲，握持住肌肉，并轻轻朝肘部方向提拉。

2. 保持稳定，缓慢伸展腕关节。

3. 从肘部向腕关节移动握持点，逐段拉伸。

特别提示：当握持的部位移到接近腕部时，应减小力度。因为前臂的前侧有较多的肌腱，还有很多神经和血管，不能过度挤压。

图 11-4-1

（二）前臂伸肌群主动软组织放松练习

1. 找到你的手腕及前臂伸肌的肌腹，它们就在前臂侧面的后端，轻轻握住肌腹，缓慢伸展腕关节。

2. 保持握持的状态，同时缓慢屈曲腕关节，直至前臂伸肌感觉有轻微拉伸感。

3. 握持的部位逐渐向手腕移动，重复上述操作。

特别提示：握持住肌肉后轻微向肘部提拉后再进行手腕的活动，拉伸效果会更好。

图 11-4-2

（三）借助重物的被动肘关节伸展练习

肘关节伸展动作可以自行练习，采取坐位、躺位均可，自然伸肘，拳心向上，握拳或握器械，将肘部支撑固定于桌面上或床边，小臂及手悬于桌外或床侧。肌肉完全放松，先屈肘 90°，再使肘关节在自重或握持哑铃等重物作用下缓慢下垂至伸直。伸肘练习主要是帮助肘关节前方软组织的伸展，应用力自然均匀，哑铃重量从轻到重，逐渐增加，持续时间相对较长。

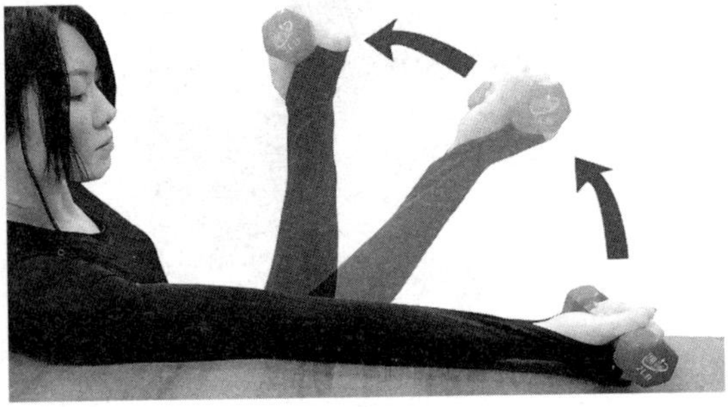

图 11-4-3

（四）前臂被动旋前练习

前臂旋前、旋后动作涉及近侧和远侧尺桡关节的联动，在康复初期阶段容易被忽视。旋前练习一般采用坐位，肩部放松，屈肘前臂平置桌上，手握哑铃，借助其重力轻柔持续的牵引力量向内倾倒，至手指接触桌面，逐渐加大关节活动。

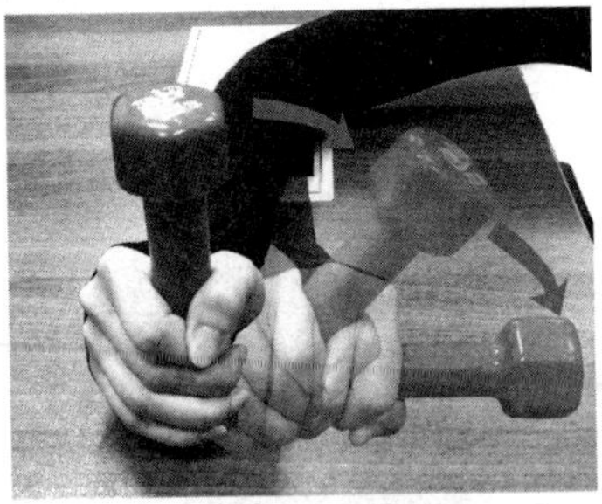

图 11-4-4

（五）前臂被动旋后练习

旋后练习一般采用坐位，肩关节放松，屈肘前臂平置桌上，手握哑铃，借助其重力轻柔持续的牵引力量向外倾倒，至手背接触桌面，逐渐加大关节活动。

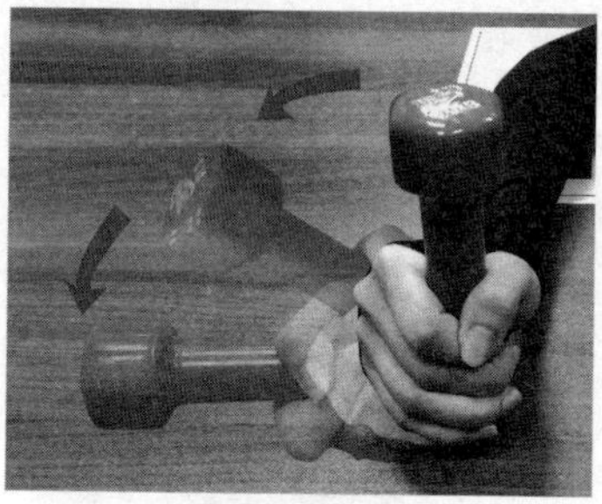

图 11-4-5

二、飞镖运动肩部损伤的运动康复疗法

投掷飞镖时，因投掷侧肩部需长时间保持相对稳定，可能导致投掷侧肩部肌肉酸痛，主要是三角肌部分。大家可以依照图示，进行几种帮助肩部损伤康复的简单练习。既有徒手的，也有使用弹力带（宽约 5cm）的，将它固定于墙壁、门或者脚下。每周练习 3~4 次。开始阶段，每个动作 5~6 次为一组，做 1~2 组；随后可根据恢复情况增加训练强度，练习次数可逐渐增加至每个动作 10~12 次为一组，做 2~3 组。

（一）伸懒腰

1. 两掌交叉，由下向上提到头顶，再反掌向高处推出。

2. 尽量用力向上伸展双臂，交叉的双手也要用力，同时腰部也尽量向高处伸展，能明显感觉到手指根部、手腕、手臂以及肩胛、腰部的拉伸感。

3. 接着挺胸收腹，头慢慢后仰，双臂也慢慢随之向后上方伸展，此时能感觉到颈部、胸部和腋下的牵拉感。

4. 然后，双腿可以缓缓抬起并绷直。

图 11-4-6

特别提示：保证椅子质量，注意安全。

（二）肩颈拉伸（以右臂为例）

1. 右臂向左内收，左臂抬起屈肘与右臂肘关节相扣，左臂向左后方用力拉伸。

图 11-4-7

2. 右臂抬起向后，右手触摸左肩胛骨上部，抬左臂，左手握住右臂肘关节，左臂用力向左拉伸。

图 11-4-8

（三）前臂 0 度内收和外展

1. 内收：两腿分开与肩同宽，右手握住弹力带一端，右小臂与身体垂直 90 度，前臂用力向身体内收 90 度，与身体平行，再还原。力度大小由弹力带的松紧而定。左臂同理。

图 11-4-9

2. 外展：准备姿势同内收。前臂用力朝身体外展 90 度，与身体平行，再还原。大臂要夹紧身体，力度大小由弹力带的松紧而定。左臂同理。

图 11-4-10

（四）前臂 90 度内收和外旋

1. 内收：两腿分开与肩同宽，左手握住弹力带一端，左臂上举与上体在一个平面，大臂与肩平行，前臂与大臂夹角 90 度，以肘关节为轴，前臂向其下方内收 90 度，再还原。右臂同理。

图 11-4-11

2. 外旋：两腿分开与肩同宽，左手握住弹力带一端，左臂平举与上体在一个平面，大臂与肩平行，前臂与大臂夹角 90 度，以肘关节为轴，前臂向其上方外旋 90 度，再还原。右臂同理。

图 11-4-12

（五）上臂前后伸

右手右脚将弹力带固定于身体右侧，手臂直臂向前伸 90 度，与上体垂直，还原后，再直臂向后伸到最大角度，再还原，如此反复。左臂同理。

图 11-4-13

（六）上臂外展

右手右脚将弹力带固定于身体右侧，手臂直臂向侧外展 90 度，与上体平行，再还原。左臂同理。

图 11-4-14

三、飞镖运动腰部损伤的运动康复疗法

投掷飞镖时，因投掷侧腰部持续性支撑负重，导致腰部筋膜、肌肉过度劳累发生腰部疼痛，可能引起腰部筋膜炎和腰肌劳损。每日练这几个动作，不仅可以减缓急、慢性腰背肌筋膜炎的发生与发展，还能预防治疗腰肌劳损、腰椎间盘突出症。

（一）半鸽子

图 11-4-15

左膝弯曲，慢慢滑至左手侧。同时，慢慢向后滑动右腿，拉直膝盖，使右大腿尽可能靠近地板。右髋关节向左脚跟拉，摆正骨盆。然后，双手推着地板，拉长脊椎，直视前方，再换另一侧。每日每侧坚持 3 分钟。

（二）平躺抱膝

图 11-4-16

平躺，右腿慢慢弯曲，双手抱紧，并逐渐贴近胸口，直到感觉腰背部有明显拉伸感，坚持 2 分钟，然后换另一侧，每天最少 3 组。

（三）对角线伸直

图 11-4-17

双手、双膝支撑，然后左手、右腿同时慢慢上举，并保持平衡，坚持 5 秒，缓缓落下，再换另一侧。每天坚持最少 3 组。

（四）双桥

图 11-4-18

仰卧，双腿屈曲，以双脚、双肘和后头部为支点（五点支撑）用力将臀部抬高，如拱桥状，每天 2 组，每组 5 次，每次坚持 5 秒。

（五）平板支撑

图 11-4-19

俯卧，双肘弯曲支撑于地面，肩膀和肘关节垂直于地面，双脚踩地，身体离开地面，躯干伸直，头部、肩部、胯部和踝部保持在同一平面，腹肌收紧，盆底肌收紧，脊椎延长，眼睛看向地面，保持均匀呼吸。

【思考题】

1. 简述飞镖运动员营养的特点。
2. 运动性疲劳有哪几类？如何进行处理？
3. 踝关节损伤的处理方法有哪些？
4. 肩部损伤的运动康复疗法有哪些？

第十二章　飞镖运动其他游戏

【名人名言】健全的精神寓于健全的身体。——约翰·洛克

【学习目标】通过本章的学习，了解飞镖运动的其他活动形式，掌握活动方法及规则，领会多种飞镖活动形式的作用和意义，促进参与体育锻炼的积极性。

第一节　减半赛

一、规则

一局设置 9 回合，在比赛开始前，每人都有基础分 40 分，每回合投掷目标分数区，分数区顺序为 15、16、任意双倍区、17、18、任意三倍区、19、20、牛眼区。

选手轮流按顺序排列的分数区投镖，如果未能命中相应数字，则分数减半；命中相应分数区，则加分。例如第一轮投掷 15 分区，投中一个单倍区则在 40 分基础上加 15 分为 55 分，投中双倍区则加 30 分，投中三倍区则加 45 分；如果三镖都没有命中该分区，则将原累计分数减半，结束时得分最高者获胜。

根据技术水平不同，可以约定一轮投镖必须命中 2 下或 3 下，否则减半。

如得分是单数，减半分数为加 1 分再减半。

二、参赛人数

人数不限，单人练习、多人或团队对抗皆可。

三、要点

尽量不要犯错，因为如果指定的目标数字未能命中，分数会减半。

记分表（如用有电子计分的软式飞镖机则不用表格）

分区＼姓名	张三			
15	30			
16	15			
任意双倍区	67			
17	34			
18	70			
任意三倍区	130			
19	65			
20	105			
牛眼	130			

第二节　加减高分赛

一、规则

一局设置 8 回合，1、3、5、7 回合为加分回合，2、4、6、8 回合为减分回合，初始分为 0 分，选手轮流按该回合设定投镖。如果是加分回合，命中相应分数区，则加分，加分回合尽量命中分数值高的区域；如果是减分回合，命中相应分数区，则减分，命中靶外直接减 50 分，减分回合尽量命中分数值低的区域。

例如：第 1 回合加分回合，投掷三镖后得分为 80 分，则初始分 0 分加上 80 分；第 2 回合减分回合，命中“1”的单倍区两次，第三镖落在靶外，则 80 分减去 52 分，得分为 28 分；结束时得分最高者获胜。

二、参赛人数

人数不限，单人练习、多人或团队对抗皆可。

三、要点

在加分回合尽量投高分值区，在减分回合尽量投低分值区。

第三节　上海

一、规则

一局设置 7 回合，按次序依次投掷 1~7 分数区，每人每轮只投一个相同的分数区。命中有效分数区，方能得分。命中单倍区域，得 1 分；命中双倍区域，得 2 分；命中三倍区域，得 3 分。胜出比赛有两种方式：第一是 7 回合结束后，分数高的获胜；第二是触发“上海”，直接获胜。

为了让比赛更加有趣味性，在 1~7 分数区中设置 3 个障碍，分别是“上”“海”和“上海”。“上”可以是任何一个约定的分数区域，一般是 3 分数区，每次轮到投此分数区时，如果连续 3 镖未命中“上”者，则此人的分数归零。“海”，一般是 5 分数区，每次轮到投此分数区时，如果连续 3 镖未命中“海”者，则此人直接被淘汰出局。“上海”是 1 回合内连续 3 镖，不管轮到哪个分数区，只要分别命中该分数区的单倍区、双倍区和三倍区，触发“上海”，则此人直接获胜，比赛结束。

二、参赛人数

人数不限，人越多越好。

三、要点

“上海”注重三倍区和双倍区的准确度，一局游戏结束，会出现得分相同的情况。

优先投掷三倍区，三倍区得分最多，同时想击中“上海”，自动获胜，三倍区也是最难的区域。

第四节　21 点

一、规则

一局设置 7 回合，每轮投掷随机指定的分值区。投中指定分值区的单倍区、双倍区、三倍区得 1、2、3 分，积分正好达到 21 分者获胜。如果完成 7 回合投掷，无选手使积分达到 21 分，则积分高者获胜。

若选手投中某分值区使积分超过 21 分，称为“爆镖”，产生爆镖后，取消该轮得分，同时结束这位选手的本轮投掷，轮到下一位选手投镖。

二、参赛人数

人数不限，单人练习、多人对抗皆可。

三、要点

在落点训练的过程中，练习目标分值区的单倍、双倍和三倍，投标前要指定单倍区、双倍区或者三倍区。

第五节　515

一、规则

镖盘所有分数区都使用。每轮 3 镖的总分，必须能被 5 整除，才计算得分，如果 3 镖总分不能被 5 整除，那么不能计算得分。本轮的得分为总得分除以 5 后的得数，例如 3 镖总分为 50 分，那么本轮实际得分为 50÷5＝10 分。

515 比赛要求最后一镖必须命中分数区，3 镖分数被 5 整除，且与前面的实际得分相加，刚好等于 51 分，即累计获得 51 个 5 才算结束比赛，先获得 51 个 5 分者为胜者。如果最后一轮最后一镖未命中分数区（脱靶），那么本轮得分不计算。同时，如果一轮下来，加上本轮得分，总得分超过 51 个 5，则为爆镖，本轮得分不算。

牛眼按照双牛眼计算，外牛眼 25 分，内牛眼 50 分。

二、参赛人数

人数不限，人越多越好。

三、要点

锻炼分数计算能力与准确度。

高手可以选择红心冲刺，一般选择 20 和 5 的分数区或 15 和 10 的分数区。

尽量避免获得 49 个 5 或者 50 个 5，因为在最后一轮的三镖想要得 10 分或 5 分是相对难的。计算能力不强，选择 15 和 10 的分数区是比较合适的。

第六节　杀手

一、规则

分配分数区：使用的分数区可多可少，根据选手人数的多少平分镖靶上的分数区。每个选手用他的“非常规投镖手”投镖来随机决定他的分数区。每个人的分数区不能相同。如果选手未命中镖靶，或者命中别人选定的分数区，可以重来一次。每个人的分数区最好间隔开，不要集中在一起。

分配好分数区后，从分数最低的人开始。

每个人要在自己所选的分数区上积累 5 分（这个数字可以根据选手水平调整），命中单倍不计分，双倍计为 2 分，三倍计为 3 分。积累到 5 分后，该选手成为“杀手”，可以投掷别人的分数，如果投中别人的区域，得分刚好与其得分相等，则对方视为被杀掉，要退出比赛。最后剩下的一人获胜。

成为杀手后，如果自己的分数区被其他杀手投中，那么就会变成非杀手，须重新补齐 5 分后才能成为杀手。成为杀手后，在投别人分数区时，误中自己的分数区，则也要重新补齐 5 分。

二、参赛人数

2 人以上，最多不能超过 21 人。

三、要点

越早成为杀手越有优势。

在投镖过程中，根据比赛实际情况，选择投掷自己选定的分值区而给自己加分，或者投掷其他选手的分值区而让其他选手减分。

第七节　高尔夫

一、规则

一局设置 18 回合，按照顺序依次投 1～18 这 18 个分数区。每轮投掷和轮次相同的分值区，投中本轮分值区的双倍区得 1 分，投中三倍区得 2 分，投中内单倍区得 3 分，投中外单倍区得 4 分，没投中目标分数区得 5 分。

以追求获得低分为目标，完成 18 回合投掷后，总积分最低者获胜。

每轮以最后投镖所得分数为本轮得分，因此选手在投中自己满意的有效分数后，最好放弃本轮剩余镖的投掷。

例如 A 选手在某回合第一镖投中 1 的双倍区，得 1 分，那么此时应该放弃后面两镖。

二、参赛人数

人数不限，单人练习、多人对抗皆可。

三、要点

考验精准度和自信心。

在投镖的过程中，选手投中自己满意的分数后，可选择性放弃本轮剩余镖的投掷，因为得分低者获胜。

第八节　追杀 301

一、规则

一局设置 10 回合，首先使分数达到 301 分者获胜，如果 10 回合投掷完成后，无选手积分正好为 301 分，则积分最高者获胜。如选手投中某镖后使自己积分和其他选手已得积分相等时，则积分被追上的选手，其积分将被清零，称之为“追杀成功”。如果玩家分数超过 301 分时，分数会变为 301 减去该回合得分。

二、参赛人数

多人对抗。

三、要点

在投掷的过程中，根据比赛的实际情况，尽量使自己率先达到 301 分，或者使自己的积分与其他选手的积分相等，让其他选手积分清零。

第九节　快跑

一、规则

两名或两队选手，一方为“进攻者”，另一方为“防守者”。一般情况下，防守者先投镖。进攻者的目标是击中镖盘上的任何分数区，尽可能地多得分，而防守者的任务是阻拦进攻者得分。防守者命中的分数区域，相应分数区就计算为无效；进攻者命中这些无效分数区，不计算得分。

当所有的分数区都成为无效区后，比赛暂时结束。统计进攻者所有回合数得分总分，为进攻者的得分。接着，两方交换身份，再次进行对抗。最后比较两方得分，得分高的一方获胜。

二、参赛人数

2 人或 2 队。

三、要点

防守者应当尽快地将高分数区域变为无效区，而进攻者应当抓住得分机会，尽快用高分区得分。

在剩下最后几个区域时，防守者应当保持沉稳冷静。

分数区	有效/无效	进攻方得分	分数区	有效/无效	进攻方得分
BULL			10		
20			9		
19			8		
18			7		
17			6		
16			5		

（续上表）

分数区	有效/无效	进攻方得分	分数区	有效/无效	进攻方得分
15			4		
14			3		
13			2		
12			1		
11			合计		

第十节　环球旅行

一、规则

按照1~20的顺序进行投镖，每个人依次投，从1分区开始，投中1分数区域后，可以投2分数区域，依次类推，谁先投完20个区域谁获胜。

变式1：增加牛眼作为一个分数区域，加入开始或结束，或者开始和结束同时。

变式2：将命中区域的要求提高到必须命中双倍区或三倍区。

变式3：进一步增加难度，如果1回合3镖都没有命中要求的区域，那么下一回合要往后退一个分数区。例如投3分数区域时，3镖均没有命中3分数区，则下一回合要从2分数区开始。

变式4：连着来。如果选手在1回合3镖全部命中3个相连的目标分数区，那么他就可以再获得新一回合的投镖机会，直到没有投中目标分为止。例如，选手连续投中1、2、3分数区，那么他可以拔镖后，接着再投3镖，投4、5、6分数区。依次类推，如果中间有1镖没命中目标分数区，则停止投镖。

二、参赛人数

2 人以上。

三、要点

锻炼精准度和稳定性。在高难度玩法中，强调心理稳定。

变式 4 的玩法可以使高手在一次投镖机会中追赶上来。

第十一节　拳击

一、规则

每个回合开始前，每个玩家分别在 1～20 的 20 个区域中，抽取任意 3 个分数区，作为本回合自己的攻击区域，再抽取 1 个分数区，作为自己的治疗区域。

每个玩家，初始有 15 格的血量，在其他玩家的回合内，被击中被攻击区域，则根据击中的倍数减少相应的血量。血量为 0 则失败，退出比赛。玩家在自己回合内，命中其他人的攻击区域，前 2 镖命中 2 下以上，则第 3 镖即可激发治疗区域，第 3 镖命中治疗区域，则给自己增加血量。玩家回合不计算自己的攻击区域，即命中自己的攻击区域不会减少自己的血量。

投中区域，投中单倍按照 1 计算，双倍按照 2 计算，三倍按照 3 计算。

不同玩家的攻击区域和治疗区域有可能出现一样的分数区。

命中红心，则所有玩家同时减少相应血量，外红心为 1 格，内红心为 2 格的血量。

如果一个玩家在一个回合内，3 镖都没有命中有效区域（其他玩家的攻击区域），则会被罚扣 1 格血量。

每个回合开始前，重新抽取分数区域。

总回合数可以设置为 8 回合，也可以根据人数进行调整。

二、参赛人数

2 人以上，4 人为佳，一般不超过 6 人。

三、要点

锻炼精准度，命中三倍区很重要。
多方混战，可以联合起来先进攻最强者。

【思考题】

1. 说出你最喜欢的三种飞镖的其他游戏形式的具体玩法。
2. 设计一个飞镖游戏。

参考文献

[1]熊巧. 飞镖运动在我国的普及与推广的策略[J]. 绿色科技，2016（9）：233.

[2]韩云升. 我国飞镖运动发展现状及对策分析[J]. 丝路视野，2017（25）：43.

[3]刘岩. 飞镖运动的研究[J]. 四川体育科学，2016（35）：24.

[4]张树铭. 侨园[J]. 大连市飞镖运动协会，2018（C2）：75.

[5]苏娜. 时尚运动——飞镖[J]. 时代风采，2001（1）：32.

[6]田麦久，蔡睿. 飞镖与射箭运动入门[M]. 江苏：科学技术出版社，2013.

[7]刘梅. 当代运动与艺术潮流：飞镖与风筝艺术[M]. 长春：吉林出版社，2014：5.

[8]尹斌. 飞镖[M]. 成都：成都时代出版社，2013：2-3.

[9]王琰. 中国大学生飞镖联赛在北京部分高校推广研究[D]. 北京：北京体育大学，2016.

[10]吕红梅. 服务型政府理念背景下我国政府体育职能转变研究[J]. 武汉体育学院学报，2016（12）：23-26.

[11]霍德利，胡锐，毛旭艳. 我国政府体育职能定位及实现路径[J]. 体育学刊，2018（4）：28-34.

[12]肖锋，王娟. 我国体育赛事赞助方式及影响因素研究[J]. 体育文化导刊，2018（4）：79-83.

[13]王恒利，王琪. 我国飞镖运动发展的现状、困境与路径选择[J]. 体育研究与教育，2020，35（1）：90-95.

[14]张爱芳. 实用运动生物化学[M]. 北京：北京体育大学出版社，2005.

[15]田麦久.运动训练学[M].北京：人民体育出版社，2000.

[16]黄汉升.体育教学训练理论与方法[M].北京：人民体育出版社，2003.

[17]体育学院通用教材.运动生理力学[M].北京：人民体育出版社，1990.

[18]马启伟，张力为.体育运动心理学[M].杭州：浙江教育出版社，1998.

[19]张力为，毛志雄.体育科学常用心理量表评定手册[M].北京：北京体育大学出版社，2004.

[20]蔡程辉，庄永龙.spss for windows 实用基础教程[M].北京：北京希望电子出版社，2001.

[21]丁秀峰.心理测量学[M].开封：河南大学出版社，2001.

[22]李伟明.多元描述统计方法[M].上海：华东师范大学出版社，2001.

[23]陈及治.体育统计[M].北京：人民体育出版社，2002.

[24]马启伟.体育心理学[M].北京：高等教育出版社，1991.

[25]杨清.简明心理学词典[M].长春：吉林人民出版社，1985.

[26]朱滢.实验心理学[M].北京：北京大学出版社，2000.

[27]王甦，汪安圣.认知心理学[M].北京：北京大学出版社，1992.

[28]全国体院教材委员会.运动生理学[M].北京：人民体育出版社，1990.

[29]体育心理学教材编写组.体育心理学[M].北京：高等教育出版社，1987.

[30]卢元镇.体育人文社会科学概论高级教程[M].北京：高等教育出版社，2003.

[31]罗继才.欧美心理学史[M].武汉：华中师范大学出版社，2002.

[32]高觉敷.中国心理学史[M].北京：人民教育出版社，1985.

[33]邓树勋，等.运动生理学[M].北京：高等教育出版社，1999.

[34]王步标，华明，邓树勋.人体生理学[M].北京：高等教育出版社，1994.

[35]邓树勋，王健.高级运动生理学——理论与应用[M].北京：高等教育出版社，2003.

[36]代辉，李义安.心理控制源、社会支持对大学生积极心理的影响[J].中国健康心理杂志，2008，16（8）：855-857.

[37]马启伟.体育心理学[M].北京：高等教育出版社，1996.

[38]孙奎焕，庄玉良，汪金德.大学生羽毛球运动的成就目标及其与运动成绩的关系研究[J].辽宁体育科技，2006，12（6）：32-33.

[39]张力为.体育科学研究方法[M].北京：高等教育出版社，2003.

[40]祝善里，季浏.体育心理学[M].北京：高等教育出版社，2000：78-80.

[41]孟昭兰.普通心理学[M].北京：北京大学出版社，1994：161-162.

[42]张林凤.关于运动强度分级的探讨[J].浙江体育科技，1998，20（5）：3.

[43]张力为，任未多.体育运动心理学研究进展[M].北京：高等教育出版社，2000：159.

[44]马红宇.心理控制源与体育运动（综述）[J].西安体育学院学报，2001，18（3）：95-97.

[45]谭先明，王玉听.运动员心理控制源对心理健康影响的研究[J].广州体育学院学报，2004，24（2）：56-58.

[46]贾思敏，马毅，刘秀红.心理控制源及不同任务结果对篮球运动员操作技能的影响[J].沈阳体育学院学报，2007，26（1）：71-73.

[47]李万虎.体育院校学生专业成绩和个性特征与心理控制源倾向的关系研究[J].中国科教创新导刊，2007（20）：68.

[48]张军.运动与健康——自我健康管理的运动方案[M].北京：

化学工业出版社，2019.

[49]运动膳食与营养编写组. 运动膳食与营养[M]. 北京：北京体育大学出版社，2016.

[50]刘善言. 学校体育学[M]. 济南：山东大学出版社，2001.

[51]马洪明，郑磊. 飞镖[M]. 长春：吉林出版集团有限公司，2010.

[52][美]克里斯·凯里，著. 飞镖[M]. 孙建，译. 北京：人民体育出版社，2002.

[53]赵长海. 飞镖运动的价值探析[J]. 当代体育科技，2019，9(28)：225-226，228.

[54]张磊. 体育教学中运动技能学习不同阶段的特点及其适用练习方法的研究（综述）[J]. 南京体育学院学报（社会科学版），2001（6）.

[55]王蕊，李玉周. 我国休闲健身文化培育研究[J]. 体育文化导刊，2016（10）：35-39.

[56]钱红胜，刘江山，张晓玲，等. 投球运动在我国推广的价值及策略[J]. 体育文化导刊，2018（3）：59-63.

[57]周家金. 中国山地马拉松赛事研究[J]. 体育文化导刊，2018(2)：73-77.

[58]贺慨. “互联网 + 体育”产业的兴起与发展策略[J]. 体育文化导刊，2016（5）：130-133.

后　　记

随着全民健身上升为国家战略和健康中国行动的实施，人人健身、人人参与、人人健康的理念正深入人心。鼓励个人至少有 1 项运动爱好，参加至少 1 个健身组织，每天进行中等强度运动至少半小时。依据飞镖运动项目的特点，飞镖是适合不同人群开展的、有发展空间的体育休闲项目。休闲体育是社会体育的组成部分，是指人们在闲暇时间以增进身心健康，丰富和创造生活情趣，完善自我为目的的身体锻炼活动。特点是具有自由性、文化性、非功利性和主动性等。对增进健康、强健体魄，预防疾病与康复，提高文化素养与精神文明建设，丰富生活内容与加强人际关系，以及促进人的社会化与个性形成等都有重要意义和作用。随着中国改革开放、经济快速发展，“休闲体育”这一名词悄然进入中国老百姓的生活，又能休闲、又能健身、又能消磨时间的休闲体育运动，理所当然被广大老百姓所接受，飞镖运动也逐渐走入广大群众的视线，呈现出良好的发展态势，目前已经有 20 多个省市相继建立了飞镖运动协会。国家体育总局在 1999 年 5 月 26 日批准将飞镖运动列为正式体育竞技项目之一，随后中国飞镖协会和北京市飞镖协会相继成立，全国各地开始举行各级的飞镖赛事。从此飞镖运动逐渐受到社会公众和新闻媒体越来越多的重视，如今和保龄球、台球并称“三大室内休闲体育运动”。

广东省飞镖运动协会在广东省体育局的指导下，成立于 2016 年 8 月。近几年来，广东省飞镖协会一直致力于推广飞镖运动。利用广东独特的地理位置，面向港澳台地区以及东南亚地区，在广州、深圳、佛山、中山、东莞等地主办飞镖公开赛、排名赛等重要赛事，吸引海内外飞镖高手前来参赛，扩大飞镖运动的社会知名度。广东省飞镖运动协会在中国飞镖协会指导下，先后联合广东省学生体育艺术联合会举办了多期学校飞镖项目教练员裁判员培训班，为飞镖运动进学校、进课堂提供有力的支撑；主办了两届广东省大学生飞镖锦标赛，为大学生展示飞镖运动的才艺提供了舞台。2021 年将继续联合广东省学生体育艺术联合会开设学校飞镖项目教练员、裁判员培训班，举办第三届广东省大学生飞镖锦标赛与首届广东省中学生飞镖锦标赛，让飞镖运动由大学向中职、中学延伸。协会为中山大学、广东工业大学、广东外语外贸大学和广东财经大学等学校，开设飞镖课程提供了支持和帮助。广东省飞镖运动协会深入企事业单位，进行飞镖运动的培训、竞赛活动，扩大飞镖运动的群众基础。

广东省飞镖运动协会在广东省总工会、广州市总工会的支持下，先后举办多届职工飞镖比赛，受到各参赛单位的好评。中国南方航空公司、广汽集团、中国移动广东分公司等企事业单位，先后在单位内部开展了飞镖运动。广东省飞镖运动协会在广州海员俱乐部建立了职工飞镖基地，面向广大职工开展飞镖教学培训。广东省飞镖运动协会还积极参与社会公益活动，参加第四届北京路公益慈善嘉年华活动，将体育与慈善相结合，助公益形象树立；在广州职工大学堂开展常态化的飞镖教学培训课程，向广大职工推广飞镖运动，得到热烈响应。

广东省飞镖运动协会为了更好地推广飞镖运动，让更多的人了解飞镖运动，专门组织中山大学、南方医科大学、广东工业大学等学校的飞镖运动专任教师和协会的工作人员，编写教材《飞镖运动》，旨在为广大飞镖运动爱好者、职业镖手、飞镖运动员、飞镖教练员、飞镖教师和飞镖协会工作人员提供学习飞镖的参考资料。

编写组在编写教材《飞镖运动》的过程中，参考了许多前人的研究成果，得到了中国飞镖协会的悉心指导和各省市兄弟协会的大力支持，也得到了广东人民出版社的鼎力相助；本书由广东工业大学唐新发教授统稿，在此一并感谢。由于编者的飞镖知识水平有限，书中难免有错误和疏漏之处，敬请读者批评指正。

编者

2021 年 3 月 25 日

2011年黑龙江省首届飞镖公开赛暨东三省“城市杯”飞镖团体赛合照

2016年广东飞镖邀请赛暨凤凰飞镖粤港澳公开赛—部分选手合照

2017年广东省高校第一届飞镖教练员培训班

2017年新浪杯凤凰飞镖广州国际公开赛 – 马来西亚代表队

2018年凤凰杯北京市中小学生飞镖比赛

2018年广东省学校飞镖项目裁判员培训班

2018年广东省大学生飞镖锦标赛

2018年全国青少年飞镖锦标赛（武汉）—武汉市销品茂商场

2018年”鼎龙杯”飞镖世界（广州）国际公开赛
城市杯决赛现场中国香港VS马来西亚吉隆坡

2018年国家青年队赴韩国比赛

2019年广东省学校飞镖教练员培训班

2019年广东省大学生飞镖锦标赛

2019年“鼎龙杯”飞镖世界（广州）国际公开赛—部分选手合照

2020年全国飞镖教练员及裁判员培训班（上海市）

2021年全国青少年体育冬夏令营（上海站）
暨上海市青少年体育（飞镖）周末营教练员教学中